The Heart of Mindfulness-Based Stress Reduction:
A MBSR Guide for Clinicians and Clients

마음챙김에 근거한 스트레스 완화의 핵심

의료전문가 및 참가자를 위한 MBSR 가이드

Elana Rosenbaum 저 | 안희영 · 김정화 공역

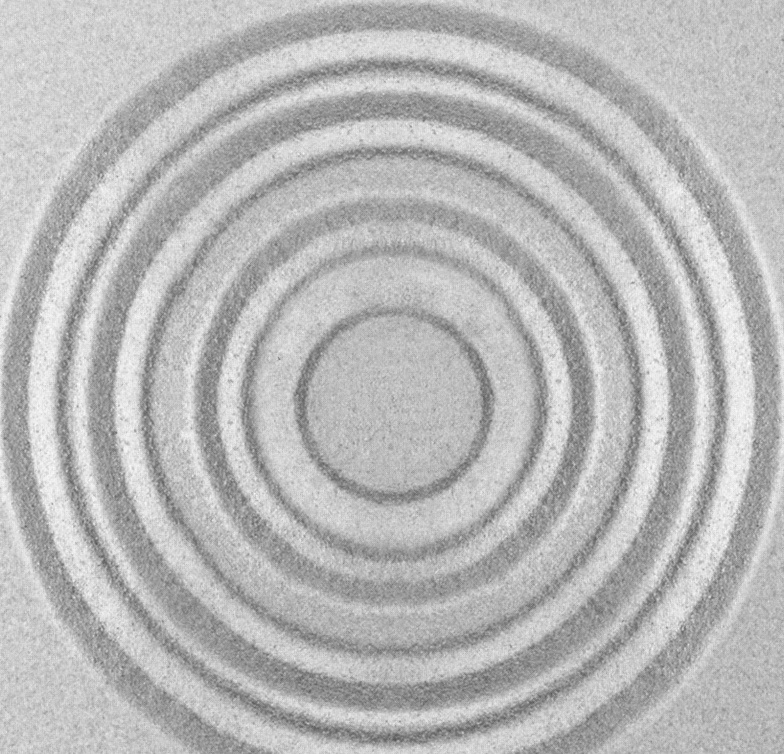

학지사

The Heart of Mindfulness-Based Stress Reduction:
A MBSR Guide for Clinicians and Clients
by Elana Rosenbaum, MS, MSW

Published by:
PESI Publishing & Media
PESI, Inc.
3839 White Ave., Eau Claire, WI 54703, USA

역자 서문

한 분야를 깊이 있게 공부하면서 먼저 그 길을 걸어간 분들의 세계에 관심을 가지고, 또 그분들과 같은 길을 가고자 하는 분들에게 소개하는 일은 매우 보람 있는 일입니다. 필자는 20여 년 전 미국 MBSR 본부에서 처음 MBSR 지도자 과정에 참여하면서 MBSR 프로그램의 정신과 체계성에 더욱 관심을 가지고 국내에 MBSR을 제대로 소개하고자 원을 세운 바가 있습니다. 그 방법 중의 하나가 MBSR 관련 서적을 번역해서 관심 있는 분들이 보다 쉽게 접근할 수 있게 하는 것이었습니다.

그때 최소한 마음챙김 관련 우량도서 10권을 국내에 소개하고자 발원했는데 어느새 그 목표량을 훌쩍 초과하게 되었습니다. 그중 MBSR 전문 서적만 해도, MBSR 창시자 존 카밧진 박사의 『의료 분야에서의 마음챙김 MBSR: 그대 자신을 치유하라(Heal Thy Self)』(학지사, 2020), 『온정신의 회복: 마음챙김을 통한 자신과 세계 치유하기(Coming to Our Senses)』(학지사, 2017), 『처음 만나는 마음챙김 명상』(불광출판사, 2012)을 포함해서 7권에 이르며, 이를 소개를 할 수 있었던 것은 번역의 수고스러움을 기꺼이 짊어진 공역자 여러분의 노고 덕분이라고 생각합니다.

필자가 번역할 책을 선정하는 데 중요한 기준은 마음챙김 명상 관련 서적 중 국내의 독자들에게 얼마나 유익할 것인가 하는 것입니다. 이 기준에 선택된 대부분의 책은 필자가 미국에서 공부할 당시 직접 만나서 배움의 기회가 있었던 분들이 오랜 경험 속에서 터득한 노하우를 녹여낸 책입니다.

2023년 현재 외국에서뿐 아니라 우리나라에서도 명상에 대한 관심이 더욱 높아지고 있어 기쁘게 생각합니다. 아울러 명상을 시작하거나 가르치는 분들의 연령대가 더욱 낮아지고 있어 필자도 적지 않은 기대감을 갖고 있습니다. 명상이 나이든 분들의 전유물이 아님을 젊은 지도자들이 여기저기서 증명하고 있다는 필자의 경험이 있기 때문입니다. 그러한 분들이 전통적인 명상을 통해서도, 또 이 책처럼 현대화된 마음챙김 전통을 통해서도 체계적이고 심오한 방식으로 명상 수련 및 지도를 잘 하실 수 있기를 바랍니다.

이 책은 필자가 2000년대 초 미국 MBSR 본부(CFM)에서 만난 MBSR 지도자 중의 한 분인 엘라나 로젠바움이 지은 MBSR 워크북입니다. 이 책에서도 밝히고 있는 것처럼 저자는 MBSR 프로그램이 처음 세상에 빛을 보기 시작한 지 몇 년이 채 지나지 않은 초창기에 MBSR과 인연을 맺고 가르치던 중에 자신에게 암이 발병한 것을 알게 됩니다. MBSR에서 배운 것을 그대로 실천하면서 암을 극복하고 지금 현재까지 고령에도 불구하고 일선에서 지도하고 있는 저자의 경험은 더욱 귀하게 우리에게 다가옵니다.

이 책은 저자의 오랜 MBSR 지도 경험을 고스란히 담고 있기에 MBSR을 처음 시작하는 참가자는 물론, MBSR 지도자가 되려는 많은 전문가에게 실질적인 도움이 될 것으로 기대합니다. 워크북 형식이기에 가볍게 읽어 나가면서 이 책을 통해 저자가 전하고자 하는 지혜를 음미하게 되기를 바랍니다.

이 책의 출판을 기꺼이 받아 주신 김진환 사장님, 공역자 김정화 선생 그리고 세심하게 교정에 임해 준 박선민 과장께 감사함을 전합니다.

2023년 여름, 안희영

저자 서문

저는 안희영 박사와 김정화 씨가 제 책을 한국어로 번역하게 되어 매우 기쁩니다. 제가 안희영 박사를 만난 것은 2000년대 초반이었습니다. 그때 우리는 매사추세츠 대학교 의과대학에서 존 카밧진 박사가 설립한 마음챙김 센터가 후원하는 회의에 함께 참석했습니다. 전 세계에 퍼져 있는 지도자들은 마음챙김을 가르치며 세계로 널리 알리고 있습니다. 저는 그런 지도자들로 이루어진 소그룹에서 안희영 박사를 만났고, 그의 배움에 대한 헌신과 공동체에 마음챙김을 전파하고자 하는 노력에 감명을 받았습니다. 그는 마음챙김과 관련된 세 번의 국제회의에 모두 참석했고, 수년간 마음챙김을 연구, 실천해 왔으며, 다른 사람들을 가르쳐서 수련의 길로 들게 했습니다. 그 결과 동북아시아에 마음챙김에 근거한 스트레스 완화(Mindfulness-Based Stress Reduction: MBSR) 프로그램이 최초로 소개되고 많은 사람이 그 혜택을 받게 되었습니다. 이는 오늘날 세계에서 그 어느 때보다도 필요한 일입니다. MBSR의 역사는 40년이 넘었고, 그 효과는 증거에 바탕을 두고 있습니다. MBSR은 우리가 고통 대신 평화를 선택할 수 있다고 계속해서 말합니다. 이는 매우 의미 있는 말로, 모든 것에 적용됩니다. 이에 대해서는 제 개인적으로 증명할 수 있습니다. 이로 인해 저는 우아하게 나이가 들어가고, 계속 삶에서의 도전을 헤쳐 나갈 수 있습니다.

MBSR은 고대로부터 내려오는 전통에 기반을 두고 있으며, 이러한 가르침을 일상 언어로 전달하기 위해 고안된 프로그램입니다. 열린 마음과 사랑하는 마음을 동반하는 자각은 마음챙김 수련의 핵심입니다. 나는 나 자신과 내가 가르치는 사람들에게 무엇이 중요하고, 우리의 마음이 진정으로 원하는 것이 무엇인지를 계속해서 묻습니다. 그에 대한 답은 대부분 평화와 행복입니다. 이 질문 후에는 마음챙김 수련을 위해 하던 일을 멈추고 시간을 낼 수 있는지, 공식적으로뿐만 아니라 하루 종일 마음챙김을 할 의향이 있는지 묻습니다. 변화는 항상 존재하는데, 당신은 이것에 호기심을 갖고 마음을 열 수 있습니까? 당신은 원치 않는 것에도 호기심을 가지고 친절한 태도로 다가가고, 동시에 일상의 달콤함도 음미할 준비가 되어 있습니까? 연민의 마음과 친절한 태도로 자신의 직접적인 경험에 주의를 기울이기 위해서는 유연함과 의지가 필요합니다. 우리는 우리 안의 근원을 발견할 수 있는 수련을 합니다. 그 근원은 항상 존재하고, 우리는 그 근원으로 삶을 선택하는 데 있어서 더욱 현명하고, 친절하고, 능숙하게 됩니다. 오랜 시간 가르쳤지만, 이렇게 유익한 변화를 보여 주는 이 방법이 가진 힘에 계속 경탄하고 있습니다. 저는 이 과정을 수련하는 사람들이 그들이 가진 조건에 대한 진실을 마주하고, 더 이상 그들에게 도움이 되지 않는 오래된 가정이나 편견을 버리기 위해 서로를 지지하는 것을 볼 수 있었습니다. 그것은 힘들지만 그만한 가치가 있습니다.

제 경험에서 우러나온 이야기를 하겠습니다. 저는 오랫동안 MBSR에 참여해 왔고, 마음챙김 수련을 할 수 있음에 감사한 마음이 자주 듭니다. 40년 후에도 이 마음은 계속 새로울 것이며, 제가 스트레스에 대처하며 삶의 경이로움을 느끼는 데 도움이 될 것입니다. 언제나 배울 것이 있습니다. 제가 만나는 매일이, 모든 수업이, 모든 사람이 특별하며, 살아 있다는 것이 무엇을 의미하는지에 대한 이해를 넓혀 줍니다. MBSR은 제 삶을 풍요롭게 만들고 제 삶의 일부가 되었습니다.

이 워크북과 함께하다 보면 당신은 호기심을 가지게 되고, 기쁨을 알고, 배움과 성장에 열망하는 자신에게 감사하게 될 것입니다. 이 워크북이 도움이 되기를 바랍니다. MBSR을 접하고 당신의 삶 속에서 마음챙김을 하기 위해 헌신하고 노력하는 데 경의를 표합니다. 당신이 이 책을 읽게 되어 영광입니다. 즐겁고 충만한 시간이 되기를 바랍니다.

엘라나 로젠바움

추천사

"이 책은 내 소중한 친구이자 동료인 엘라나 로젠바움이 MBSR을 알기 쉽게 설명한 가이드북입니다. 엘라나는 정말 호기심이 왕성하고 끊임없이 배우려고 하는 사람입니다. 이러한 자질로 그녀는 특별한 지도자가 되었습니다. 그녀는 부드럽고 온화하며 열린 마음을 지녔습니다. 또한 그녀는 쉽게 타협하지 않고 치열하게 살아가고 있습니다. 암 진단을 받고 여러 번 재발을 겪으면서도 지난 22여 년 동안 많은 일을 해 온 엘라나는 삶의 화신 그 자체입니다. 친애하는 독자 여러분, 이 책 속으로 들어가 치열하고 따뜻한 생명을 느끼고 그것이 다름 아닌 자신이라는 것을 발견할 준비를 하십시오. 삶을 위하여!"

– 사키 F. 산토렐리, EdD, MA
의과대학 교수, MBSR 클리닉 대표
의학, 건강 관리 및 사회의 마음챙김 센터 본부대표,
매사추세츠 대학교 의과대학

"이 책은 독자들이 MBSR을 스스로 경험하고 또 그 이상을 얻을 수 있는 최고의 워크북입니다. 엘라나는 MBSR을 초창기부터 함께했다는 특별한 장점이 있으며, 오늘날까지 계속해서 MBSR에 생명을 불어넣으면서 지혜와 따뜻함을 보여 주는 소중한 창을 제공하고 있습니다. 직관성과 장난스러움, 진심 어린 마음을 지닌 엘라나는 친절한 알아차림으로 현재 이 순간을 경험하는 데에서 생기는 모든 치유의 힘을 가르쳐 주었고, MBSR 지도자들에게 영감을 불어넣었습니다. 엘라나는 이 워크북에서 MBSR의 핵심 개념을 구체적으로 다루었습니다. 그래서 우리는

MBSR의 핵심에 다가갈 수 있고 또한 우리 자신을 여는 길도 볼 수 있습니다."

– 제프 슈만-올리비에, MD
정신의학 부서 마음챙김과 연민 센터 전무 이사,
케임브리지 헬스 얼라이언스 & 하버드 대학교 의과대학

"MBSR의 대가인 엘라나 로젠바움은 MBSR 프로그램에 대한 실용적인 지도를 제공하여 단계별로 자세히 안내하는 소중한 핸드북을 만들었습니다. 엘라나는 탁월한 교육과 임상 기술 그리고 심각한 질병에 대한 관점이 크게 변하게 된 개인의 경험을 통합하여 소중하고 광범위한 내용으로 만들어 냈습니다. 엘라나는 지혜로움과 경쾌함, 연민을 지니고 이 책을 씀으로써 MBSR을 시작하는 사람이나 경험이 많은 지도자 모두가 혜택을 볼 수 있는 보물로 가득 찬 실용적인 도구를 주었습니다."

– 수잔 바우어-우, 박사, RN
마음과 생명연구소 회장
『가볍게 떨어지는 낙엽: 삶을 시한부로 만드는 심각한 질병에도 마음챙김, 연민 그리고 연결감으로 온전히 살아가기(Leaves Falling Gently: Living Fully with Serious and Life-Limiting Illness through Mindfulness, Compassion and Connectedness)』의 저자

"엘라나는 MBSR 프로그램에 있는 중요한 학습 주제를 통합했습니다. 이 책은 마음챙김을 수련하고자 하는 사람들과 마음챙김을 가르칠 때 무엇이 중요한가에 관심이 있는 사람들 모두에게 유용한 워크북입니다."

– 수잔 우즈, MSW, LICSW
수석 MBSR/MBCT 자문, 지도자 트레이너, 멘토,
마음챙김에 근거한 전문 교육 연구소, UC 샌디에이고

진실과 평화를 위해 기꺼이 마음을 열고, 마음챙김하고자 하는 모든 이에게 이 책을 바칩니다.
노력 속에서 기뻐하고, 하는 일에서 결실을 맺기 바랍니다.

들어가며

나는 마음챙김에 근거한 스트레스 완화 프로그램에 초창기부터 참여할 수 있는 특혜를 누렸다. 내가 매사추세츠 대학교 의료센터에서 존 카밧진이 이끄는 요가 수업과 래리 로젠버그가 이끄는 명상 수업에 우연히 들어간 것은 1981년 무렵이었다. 그 당시에는 이것이 내 인생을 새롭게 바꾸는 과정의 시작이 될 거라고는 전혀 생각하지 못했다.

나는 좀 더 행복해지고 싶었다.

나는 대규모의 건강관리 기관에서 임상사회복지사로 일하고 있었다. 내가 돌보아야 할 사람들은 너무나 많았고, 그들은 다양한 문제를 가지고 있었다. 그 문제들은 해결하기 어려운 만성적인 특징이 있었다. 이러한 상황이 너무 부담스러웠고, 좌절감을 느꼈다. 심리치료사로서의 일도, 사회생활도 아무것도 잘되는 게 없는 것 같았다. 나는 40세를 눈앞에 둔 독신이었고, 이것은 내가 선택한 것이 아니었다.

내가 일하고 있는 건강관리 기관으로부터 5분 거리에 있는 의과대학에서 점심시간에 요가 수업이 있다는 말을 듣고 가서 한번 해 보았다. 나는 같은 주에 점심시간에 하는 명상 수업에도 참가해 보았다. 다시 일터로 돌아왔을 때는 전보다 활기차게 느껴지고, 명료하고 차분해진 것을 알았다.

이렇게 나의 마음챙김 수련이 시작되었고, MBSR에 입문하게 되었다. 나는 돈을 모은 후 다니던 직장을 그만두고 개업을 했다. 1984년에 존과 같이 일하게 되었고, 의료센터에서 사키 산토렐리와 함께 MBSR을 가르쳤다. 나는 그 이후 계속해서 MBSR을 가르치며 수련해 왔다.

마음챙김은 신비로운 것이 아니고 실용적인 것이다. 그것은 도구 상자에 추가하는 일련의 기술 이상인 것이다. 마음챙김에는 개인 수련이 필요하며, 우리의 생각과 느낌을 수용하고 바로 반응하지 않으려는 의지가 포함되어 있다. 우리가 지도자로서 마음챙김을 구현하는 것은 우리가 가르치는 것만큼이나 중요하다.

나는 1995년 수련의 효과를 알게 되었는데, 그때가 암 진단을 받은 때였다. 나는 여러 해 동안 수업을 하면서 사람들에게 어려움에 대한 태도와 관점이 어려움을 극복하는 데 차이를 만든다고 말해 왔다. MBSR 수업에서 사람들은 생각, 감정, 감각, 좋아하는 것과 싫어하는 것을 알아차리면서 자신의 느낌이 일어날 때 있는 그대로 느끼도록 훈련을 받는다. 이때 수용과 평온함을 주는 지속적인 주의력이 요구된다.

우리에게 있는 오래된 이야기와 인간이라면 가지고 있는 조건은 질병이나 상실과 같이 우리 삶에 내재된 모든 어려움을 다루는 능력에 영향을 미친다. MBSR은 이러한 이야기와 조건화된 사실을 자각할 수 있게 한다.

암에 걸려 아파서 지치고 고통스러울 수 있지만 그래도 아름다움과 사랑을 느낄 수 있는 순간이 존재한다.

내가 하는 모든 일에 수련이 도움이 되었다. MBSR을 가르치면서 내가 혼자가 아니라는 것을 알게 되었고, 화학요법과 줄기세포 이식수술을 받으면서도 관점을 유지할 수 있었다. 나는 암이 재발했다. 나의 상황은 불확실했고, 모든 것이 변한다는 것을 알고 있었다. 그러나 병으로 인해 수련을 더 열심히 했고, 삶이 주는 크고 작은 경이로움에 더욱 감사하게 되었다.

나는 이 워크북에서 MBSR의 핵심을 전하고 싶다. 우리는 우리 자신을 만나면서 환자들도 만난다. 이 일에 대한 당신의 태도가 차이를 만든다. 여행하듯 즐기라. 재미있을 뿐만 아니라 의미도 있을 것이다. 이 워크북은 프로그램을 소개할 뿐만 아니라 영감을 주고 성찰하는 것을 목표로 한다. 책을 읽으면서 용기 있는 탐험가가 되어 자신과 사랑이 포함된 새로운 영역으로 들어갈 수 있기를 바란다.

엘라나 로젠바움

차례

제2장 마음챙김이란 무엇인가 • 45

제6장
스트레스와 대처 전략 검토: 반응 대 대응 • 127

제7장 의사소통 • 161

제8장 일상생활 마음챙김 • 179

제1장

마음챙김에 근거한 스트레스 완화(MBSR)란 무엇인가

마음챙김에 근거한 스트레스 완화(MBSR)의 기원

스트레스 완화 프로그램은 1979년에 매사추세츠 대학교 의료센터의 존 카밧진(Jon Kabat-Zinn)에 의해 개발되었다. 이 프로그램은 존 카밧진의 개인적인 명상 수련과 마음/몸에서의 연결은 중요한 문제이고 환자의 치료와 관련이 있다는 과학자로서의 믿음에서 탄생하였다. 이것은 요가를 포함한 마음챙김 수련을 가르치기 위한 의학 보조 프로그램으로 만들어졌는데, 나이나 직업 또는 의학적 상태와 관계없이 모든 사람에게 가르칠 수 있다.

존에게 바쁘게 돌아가는 병원은 고통을 끌어들이는 자석 같았고, 그는 그런 경험 한가운데서 의도적으로 이 프로그램을 가르치기로 했다. 그는 의도적으로 마음챙김 수련을 일상 언어로 표현하여 쉽게 이해하고 일상생활에 적용할 수 있도록 설계했다. 이것은 의학계나 진료를 받는 환자들에게 아직 마음챙김이 알려지지 않았던 당시로는 매우 획기적인 시도였다. 그 당시에는 증상에 초점을 두는 의학적 모델이 대세였기 때문이다. 도움이 필요한 사람들은 의사의 전문지식에 의존해야 했는데, 이것은 존의 믿음체계와 반대되는 것이었다. 그래서 그는 환자들의 행복 향상을 위해 환자들에게 자신의 신념을 펼치고 싶어 했다.

마음챙김에 근거한 스트레스 완화는 과학과 명상 전통이라는 두 가지 흐름이 통합되어 탄생했는데, 이 둘 다 존의 삶에 중요한 것이었다. 이것은 현대 불교의 「MBSR의 기원, 방편 그리고 지도(map)의 문제에 대한 성찰」이라는 논문에 자세히 설명되어 있다. 이 논문은 MBSR의 기원과 경험적 근거에 관한 것으로, 관찰과 조사라는 과학적 방법으로 마음의 본질과 불교의 전통 지혜를 기술했다.

마음챙김은 인간의 고유한 특성인 고통을 경험하는 데 초점을 맞추고 있다. 고통을 인정하되 자각과 수용, 즉 마음챙김으로 탐구하는 것은 해방될 수 있는 이해의 길을 열어 준다. 고통은 인간 조건의 일부이지만 그것이 우리를 정의할 필요는 없다. 의도, 주의, 태도에 따라 고통은 완화될 수 있다.

마음챙김을 접근하기 쉽고 뉴에이지나 '허황된' 것으로 간주되지 않기를 바라며 존은 이 프로그램을 스트레스 완화 및 이완 프로그램이라고 이름 지었다. 1990년대에 마음챙김이 프로그램명에 포함되었고, 마음챙김의 효과가 확립되고 합법화되면서 마음챙김에 근거한 스트레스 완화(Mindfulness-Based Stress Reduction: MBSR)로 알려지게 되었다. 이제 많은 사람이 MBSR을 증거 기반 치료법으로 간주하며 널리 연구하고 실행에 옮기고 있다.

MBSR의 철학적인 토대는 불교이지만 프로그램은 불교가 아니다. "이 프로그램은 인간성과 관련하여 보편적인 원칙에 기초하고 있으며, 그것이 의미하는 것은 …… 마음챙김은 불교가 아니라 깨어남, 연민과 지혜와 관련이 있다."(Kabat-Zinn, 2011) 고통에서 벗어나고자 하는 목표는 보편적이며 누구에게나 적용된다. 개인의 신념체계는 존중되고, 참가자들은 질문을 하고, 마음챙김의 효과를 스스로 발견하고, 고통과 그 해방에 대한 인과관계에 대한 통찰력을 얻도록 격려를 받는다.

프로그램의 핵심은 마음챙김을 훈련하는 것으로, 참가자들은 직접 경험에 근거를 두고 경험을 통해서 마음챙김을 알게 된다. 이 프로그램은 실용적이고, 알기 쉬워서 일상생활에 적용하기 쉽도록 고안되었다. 참가자들은 매일 꾸준히 수련하고 친절함을 마음에 새기고, 이를 마음챙김과 통합해야 한다. 이렇게 하여 개인의 변화와 사회적 변화를 이루는 것이 목표이다.

존이 창시한 MBSR은 개인적인 경험을 포함해서 여러 곳에서 영향을 받았다. 여기에는 면역학으로 유명한 과학자인 그의 아버지 엘빈 카밧 박사와 예술가 어머니 샐리로부터 물려받은 것과 MIT에서 자신이 받은 훈련이 혼합되었다. 이러한 영향으로 그는 개방적이고 창의적인 생각을 하게 되었고, 프로그램은 역동적이고 상호작용하는 유동적인 교육방식을 갖추게 되었다.

여기에는 명확한 설명이 있고, 순차적으로 고안된 심리교육적 접근법이 있다. 교육은 적극적인 경청과 소크라테스식 질문에 기반을 두고 있으며, 참가자들에게는 유연한 대응이 요구된다. 과정과 자기 발견에 중점을 두며, 교육과정은 일상 언어로 이루어져서 평범하고 쉽게 이해할 수 있다.

자신의 삶과 온전히 사는 것이 무엇을 의미하는지에 대해 깨닫는 것은 스스로 자기를 발견하고, 현재 순간에 펼쳐지는 자신의 경험을 받아들이고 관찰하고, 그것과 함께하려는 의지에 바탕을 둔다. 교육과정은 시작 이후로 거의 변하지 않았지만, 마음, 몸, 감정의 변화에 대한 우리의 관계가 변하는 것과 그것을 알아차리는 것은 교육과정에서 필수적이다. 교육과정은 각 지도자의 문화와 언어를 통해 그들만의 독특한 방식으로 표현되어 사람들에게 진정성 있는 방법으로 적절하게 제공된다.

2000년에 사키 산토렐리는 마음챙김 센터의 대표가 되어 스트레스 완화 프로그램을 능숙하게 인도하면서 전 세계로 퍼뜨렸다. 그는 전문 지도자 교육 기관인 오아시스 연구소를 확장하여 의료계, 교육계 및 기업으로의 통합을 주도해 왔다. MBSR은 현재 다양한 언어로 교육되고 있으며, 다양한 사람과 문화에 적용되고 있다.

MBSR은 마음챙김 자각에 관한 것이다

- MBSR은 고통과 그 해방에 관한 것이다.
- 현재 이 순간에 온전한 인간으로 참가하는 활동적인 과정이다.
- 우리의 공통된 인간성에 대한 것이다.
- 관계적이다.
- 경이로움에 관한 것이다.
- 친절과 관대함을 키운다.
- 이해와 지혜를 키운다.
- 용기와 헌신, 호기심이 필요하다.

각각의 수업은 존중과 건전성 그리고 사랑으로 연결되어 있다.

MBSR에 대한 오해

1. 수업에 참석함으로써 자신의 문제나 통증이 사라질 것이다.

   사실: 문제나 통증을 대하는 관계가 바뀔 수 있고, 통증도 바뀌겠지만, 장담할 수는 없다. 상황을 더 잘 이해하고, 상황에 대한 인식이 '문제'에 어떻게 영향을 미치는지 이해할 수 있는 도구를 얻을 수 있다. 불쾌한 느낌이나 경험이 계속될 수 있지만 그것을 관리할 수 있는 더 나은 도구를 갖추게 될 것이다.

2. 생각을 멈추거나 마음을 비우는 것에 관한 것이다.

   사실: 생각을 하는 것은 정상적인 것이다. 수용과 지속적인 주의가 커짐에 따라 마음은 고요해지겠지만, 목표는 마음을 비우는 것이 아닌 평정심을 향상시키는 것이다.

3. 마음챙김은 정해진 시간에만 할 수 있다.

   사실: 수용과 친절로 현재 순간에 주의를 기울이는 것이 수련이다. 이것은 하루 종일 이루어진다. 잠들기보다는 깨어나기를 연습하는 것이다.

4. 명상은 수동적이다.

   사실: 무위와 애쓰지 않는 것에 중점을 두는데, 이는 일어나는 것을 받아들이는 개방성에 관한 것이다. 이를 위해 깨어 있어야 하고, 의식하고 있어야 하고, 비판단적이 되어야 한다. 이는 적극적인 과정이며, 노력을 필요로 한다.

5. 마음챙김은 집중에 관한 것이다.

   사실: 집중이 포함된 것은 사실이지만, 그것은 마음챙김의 한 가지 요소일 뿐이다. 마음챙김은 알아차림과 수용, 주의를 어디에 두는지 아는 것과 그 효과를 인식하는 것이다.

6. 다른 사람과 함께 있거나 집안일을 하기보다는 마음챙김 수련을 하고 자신을 위한 시간을 갖는 것은 이기적이다.

   사실: 이것은 수련을 시작했을 때 해야 할 일들이 너무 많기 때문에 흔히 일어나는 생각이다. 실제로 마음을 안정시키기 위해 시간을 내면 더 차분하고

평온한 태도를 가지게 되는데, 이것은 자기 자신뿐만 아니라 다른 사람들에게도 이익이 된다.

- (고통으로부터의) 해방이 가능하다.
- 우리는 온전하다. 우리에게는 잘못된 것보다 옳은 것이 더 많다.
- 우리는 모두 연결되어 있고, 상호 의존적이다.
- 변화의 수단은 알아차림이다.
- 지금이 바로 그 시간이다!

이 책의 사용 방법

MBSR의 효과를 이해하고 평가하기 위해서는 경험을 해야 한다. 나는 MBSR 수업을 처음하는 사람이나, 가르칠 가능성이 있는 사람이라면 두 개의 렌즈를 가지고 워크북을 경험하라고 추천한다. 각 영역에서 자신의 반응과 대응이 자신에게 어떤 영향을 미치는지 보는 것이 도움이 된다. 삶에서 그 모든 혼란과 경이로움을 수용한다면 스트레스는 자연스럽게 감소된다. 교육과정은 알아차림에 관한 것이고, 그 결실은 자유이다.

워크북을 일련의 수련과 연습으로 읽어 나갈 수 있지만, 그것으로부터 최대한을 얻으려면 수업에서와 같이 정기적으로 명상을 하는 것이 좋다. 규칙적으로 수련을 하고 있다면 명상을 하는 것을 규칙적인 수련 외에 더 하거나, 규칙적인 수련 대신에 할 수 있다. 워크북에는 강의 개요와 실제 수업의 예가 있어서 강의의 길잡이로 사용하도록 설계되어 있다. 수업은 대화형이고 경험적이다. 그룹은 프로그램의 중요한 요소이지만 MBSR은 개별적으로 사용할 수 있으므로 특정 문제를 가진 사람들에 맞게 조정할 수 있다.

이 워크북은 각 수업의 주요 주제와 이러한 주제를 뒷받침하는 성찰 및 알아차림에 관한 수련을 소개하기 위해 마련되었다. 이것은 여러분을 위한 것이고, 경험적 학습을 위한 것이다. 개인적으로 이 주제들을 이해한다면, 프로그램 참가자들에게 어떻게 적용될지 더 쉽게 파악할 수 있고, 필요한 경우 이를 조정할 수 있다. 예를 들어, 십대나 어린 아이들과 함께한다면 그들의 관심사와 관련될 수 있고, 시간적으로는 더 짧은 명상을 생각해 낼 것이다. 각 장을 읽을 때, 자신과 프로그램 참가자들과의 관계를 고려해 볼 수 있다. 이를 위해서는 표준 프로그램과 거기에 소개된 명상을 직접 경험해 보는 것이 중요하다.

모든 수업에서 마음챙김은 기본이고, 일상생활에서의 마음챙김의 적용은 각 수업에 걸쳐 반영되어 있다. 모든 수업의 핵심은 알아차림(awareness) 또는 '알아차림을 지속하기(awarenessing)'에 관한 수련이다. 알아차림을 지속한다는 것은 과학자가 할 수 있는 것처럼 현재의 순간을 가능한 한 가정하거나 판단하지 않고 자유로운 호기심과 열린 마음으로 직접 경험하는 것을 의미한다. 이것은 마음을 비우거나 부정적인 생각을 절대로 하지 않는 것에 관한 것이 아니라, 일어나는 생각들을 친절과 이해로 대하고 그것들로부터 마음/몸의 연결에 대해 배우는 것이다. 그러면 우리는 무엇이 스트레스를 지속시키는지, 무엇이 더 편안하게 만드는지 스스로 결정할 수 있다. 워크북의 '성찰하기'는 이러한 자기 발견 과정에서 도움이 되도록 설계되어 있다.

'마음챙김'을 '하기' 위한 공식은 없다. 그것은 존재(being)에 관한 것이다. MBSR은 언어적이라기보다는 경험적인 것이다. 이 워크북은 자기 발견 과정에 대한 학습도구이자 시작점이다. 워크북의 질문들을 읽고 답하는 데 시간을 할애하고, 각 장에 제시된 주제를 직접 경험해 보도록 한다. 인내심으로 자신을 대하고 이 과정을 경험해 본다. 잠시 책을 밀쳐 두고 싶은 마음이 있다면 그렇게 해도 괜찮다. 하지만 그러는 이유를 알아차리도록 한다. (친절하기와 판단하지 않는다는 것을 기억할 것) 다시 워크북 읽기로 돌아간다면 자신의 의도와 그 효과에 주목한다.

질병, 상실, 죽음은 지도자나 참가자 모두에게 영향을 미친다. 이것은 인간의 조건이지만 우리가 어떻게 이것과 관계를 맺는가는 우리에게 달려 있다. 행복하고 평화롭고 평온하며 회복되는 것은 가능하다. 물론, 이를 위해서는 마음챙김에 대한 수련과 헌신이 필요하다.

멈추기(Stop)
호흡하기(Take a breath)
마음 열기, 관찰하기(Open, Observe)
계속하기(Proceed)

수련을 많이 한 후에는 멈추고, 호흡하고, 몸과 마음에서 일어나는 일에 마음을 열고 계속하도록 격려를 받을 것이다. 그것은 약어 S.T.O.P.로 표시되며, 자기 성찰이 뒤따른다. 이것으로 독자들이 잠시 멈추고, 몸과 마음에서 일어나고 있는 것에 내부적으로 연결되어 스트레스를 지속시키는 반응에 대한 알아차림의 힘과 그 효과를 직접 경험하는 것을 떠올릴 수 있게 되기를 바란다.

이 워크북의 질문은 자기 성찰을 하도록 고안된 것이다. 최대한 빨리 대답하되 서두르지 말고 대답한다. 질문을 다시 깊이 생각해 보면 새로운 이해의 문이 열릴 수 있다. 자신이 얻은 통찰력은 자신의 것이고, 자신만을 위한 것이다. 언제든지 S.T.O.P., 멈춤, 호흡하기, 열기 및 관찰하기, 계속하기를 할 수 있다. 호기심을 가지라. 결과와 기대는 내려놓으라. 허용하라. 스스로 미지의 세계로 들어가서 일어나는 생각과 감정, 감각을 경험하라. 재미있게 즐기고 이것을 하기에 지금이 가장 좋은 때라는 것을 기억하라.

호기심을 가지고 질문에 마음을 열라

> "가슴 속에 풀리지 않은 채로 있는 모든 것에 대해 인내심을 가지라. 그 질문을 마치 잠긴 방이나 아예 모르는 외국어로 쓰인 책처럼 여기고 그 자체로 사랑하도록 노력하라. 답을 찾지 말라. 답은 받아들일 수 없기 때문에 주어지지 않는 것이다. 중요한 것은 모든 것을 경험하는 것이다. 지금은 그 질문을 경험해야 한다. 그러다 보면 어느 먼 훗날에 점점 그 답을 경험하고 있음을 알게 될 것이다."
>
> – 라이너 마리아 릴케

헌신하라

MBSR 수업은 상호 대화형으로 이루어진다. 이 워크북에는 스스로가 지도자이자 참가자가 되어 자신과 상호작용하도록 고안된 질문하기와 성찰하기가 있다. 일지를 쓰면 떠오르는 질문에 대해 생각해 보고, 각 회기에 포함된 워크시트를 채우는 데 도움이 될 것이다. MBSR 교육과정에서 처음으로 안내하는 명상은 바디스캔이다. 이것은 다음과 같이 시작한다. "지금은 자신을 위한 시간입니다. 자신과 함께 하고 자신을 보살피고 …… 스스로 돌보는 시간입니다. …… 긴장을 풀기 위해 너무 애쓰지 마십시오. 이것이 오히려 긴장감을 만들어 낼 것입니다." 이것은 이 워크북의 내용과 의도에 접근할 때 명심해야 할 중요한 사항이다.

프로그램을 제대로 이해하고 혜택을 누리려면 명상을 꾸준히 하는 것이 중요하다. 수련과 성찰을 위해 공간과 충분한 시간을 가지도록 한다. 알아차림이 커지고 펼쳐질 수 있도록 길러야 하며, 수련을 위해 공식적으로 따로 시간을 마련하면 도움이 될 것이다. 오래된 패턴은 신경학적으로나 심리적으로 고착되어 있다. 변화는 노력과 끈기를 필요로 한다. 때로는 가장 도전적인 것이 가장 큰 열매를 맺는다.

워크북을 해 나가면서 자신의 노력과 성취를 인정하고 친절하게 대해야 한다. 각 명상은 다르게 경험되고, 워크시트는 여러 가지 방법으로 답할 수 있으며, 시간이 지남에 따라 변할 수 있다는 사실을 알게 될 것이다. 어떤 일이 일어나는지 관찰할 때 자신을 연민과 친절로 대하면 판단하지 않고, 더 분명하고, 평온하게 일어나는 일을 지켜볼 수 있는 능력이 향상될 것이다.

기대와 가정을 한쪽으로 치워 두고, 새로운 시각으로 자신의 마음과 몸을 관찰해 보라. 어떤 것도 같은 상태로 있지 않다는 것을 알게 될 것이다. 1984년부터 나는 이 수업을 하며 이 일에 참여해 왔다. 나는 지루한 적이 단 한 번도 없었다. 내가 얼마나 많이 명상 지도를 하든, 알아차림 수련을 하든 결코 같은 적이 없다. 내가 진실로 존재하는 한, 매 순간 배움은 계속되고 새로운 것이다. 우리 자신의 마음챙김 수련을 통해 배운 것은 다른 사람들에게 보여줄 수 있는 근거가 된다.
…… 그리고 우리의 삶을 살아가는 방식이 된다.

마음챙김의 순간

자신에게 다음의 질문을 한다. 오래 생각하지 말고 가능한 한 바로 답을 한다. 자신이 미지의 세계로 들어가는 과학자라고 상상하며 미리 어떤 기대를 하지 않고 호기심을 가지고 어떤 발견을 하든 마음을 열어 보자.

지금 무엇에 주의를 기울이고 있는가?

이 순간에 무엇을 경험하고 있는가? 호기심을 가지고 어떤 것을 발견하더라도 그것을 받아들이는 과학자처럼 경험을 관찰할 수 있는가?

어떤 자세를 하고 있는가?

어떤 감각이 느껴지는가?

무슨 소리를 듣고 있는가?

무엇을 보고 있는가?

무슨 생각을 하고 있는가?

어떤 감정이 드는가? 지금 느끼고 있는 것을 어떻게 받아들이는가? 유쾌한가? 불쾌한가? 유쾌하지도 불쾌하지도 않은가?

모든 감각을 사용하고 있고, 지금 경험하고 있는 것을 알아차린다면 ……
그것이 지금 일어나고 있다면 그것이 바로 마음챙김의 순간이다.

현재에 있다는 것을 떠올리면 도움이 된다. 지금 여기 있다는 것을 기억하는 데 도움이 되는 것은 무엇인가? 온종일 이것을 어떻게 사용하겠는가?

누가 MBSR 수업에 참여하는가

더 기분 좋게, 더 편안하게 균형을 이루면서 살아가고 싶지 않은 사람이 누가 있겠는가? 당신은 이미 온전하다고 믿고, 타고난 지혜와 변화의 힘이 있으며, 지금보다 덜 고통스럽게 살 수 있다고 믿고 있는가? 지금 그렇게 느끼는가? 그렇지 않다면 그렇게 되길 얼마나 바라는가? 이를 위해 무언가 기꺼이 하겠는가? 여기 8주간의 31시간의 수업이 있다. 일주일에 2시간 반에서 3시간 그리고 한 번은 주말 온종일 시간을 내야 한다. 또한 매일 집에서 한 시간씩 수련을 해야 한다. 이렇게 할 수 있다면 MBSR 과정이 흥미로울 것이다. 이 글을 쓰는 당시, 24,000여 명의 사람이 매사추세츠 대학교에 있는 의료센터에서 MBSR 프로그램에 참여했다. 이 사람들은 의사의 권유를 받거나 스스로 원해서 MBSR 수업을 찾아왔다. 아마도 그들은 호기심에서 또는 불안한 마음에서 MBSR을 시작했을 것이다. 그들은 마음챙김의 이점에 대해 들어본 적이 있고, 자신의 삶의 속도를 늦추고 스트레스를 완화해야 한다는 생각이 들었을 것이다. 어쩌면 그들은 심장마비를 겪었거나 더 건강한 생활방식으로 살아야 한다고 깨달았을지도 모른다. 그들은 현재의 삶이 고통스럽거나 건강이 심각한 상태에 처해 있을지도 모른다.

사람들이 MBSR 수업에 참여하는 이유는 불안이나 통증, 심각한 질병 때문일 수도 있고, 아니면 단순히 기분이 나아지기 위해서 등 매우 다양하다. 연령층을 보아도 청소년에서부터 어린 자녀가 있는 성인, 중년, 90세가 넘은 노인에 이르기까지 널리 분포되어 있다. 살아가는 환경, 경제적 · 사회적 조건이 다른 각계각층의 사람들이 온다. 여기에 온 사람들은 수업에서 사용되는 언어를 이해할 수 있어야 하고, 신체적으로 명상 및 알아차림 수련을 할 수 있어야 한다. 여기에 오는 모든 사람은 더 큰 만족감과 평화를 경험할 수 있는 도구를 얻겠다는 공통된 목표가 있다.

프로그램에 참여하기 위해서는 몇 가지 절차를 거쳐야 한다. 무료 오리엔테이션에 참가한 후 약속을 지킬 수 있는지, 프로그램을 실천할 수 있는지 알아보기 위한 간단한 인터뷰를 해야 한다. 이것은 매일 45분간 명상 수련을 할 수 있는지뿐만 아니라 유쾌하거나 불쾌한 경험과 생각, 감정, 감각의 원인과 결과를 관찰하고 기록하는 연습을 기꺼이 할 수 있는지에 관한 것이다.

이 프로그램은 가르치는 것이 아닌 자신의 마음과 몸의 작용을 직접 관찰하는 것에 기초하기 때문에 자기 관찰과 성찰을 할 수 있는 능력이 있어야 한다. 어떤 일이 일어나는지 알 수 있어야 하고, 이는 끈기와 사랑, 개방성과 함께한다. 나의 스승 중 한 분은 우리가 명상 중에 우리 자신에 대한 소식을 알게 되는데, 그것은 우리가 알고 싶어 하는 소식이나 좋은 소식이 아닐 수도 있다고 농담을 하셨다. 그분은 웃으며 이런 말씀을 하셨고, 우리도 함께 웃었다. 그때 그분은 행복해 보였는데, 과연 우리도 행복할 수 있을까? 마음챙김에 근거한 스트레스 완화 과정에 대한 훈련뿐만 아니라 정서적 성숙과 심리학적 지식이 요구되는 MBSR을 가르치는 것은 어려운 일이다. 사람들은 수업에 참가하기에 적절한지 심사를 받게 되겠지만 그래도 수업 도중에 참가하기 힘들 정도의 부정적인 감정과 오래된 트라우마를 겪을 수 있다.

연구에 따르면 실제로 트라우마를 기억하는 것은 선천적인데, 특히 서양에서는 부정적인 것과 나쁜 것에 초점을 맞추며 '좋은' 것에 대해서는 그만큼 동등하게 시간을 할애하지 않을 가능성이 훨씬 크다. 물론 정신이상자이거나, 임상적으로 우울증을 앓고 있거나, 심각한 외상을 경험한 적이 있고 플래시백(flash back, 현재 시제로 진행하는 영화에서 추억이나 회상 등 과거에서 일어난 일을 묘사하는 경우에 이 장면을 플래시백이라고 한다—역자 주)을 많이 경험하는 사람들은 마음챙김 센터에서 진행되는 프로그램이 맞지 않을 수 있다. 참가자가 프로그램에 8주간 다 참여하는 것이 중요하므로, 참여하는 데에 지속적인 방해요인이 없어야 한다. 각자 프로그램에 어떤 기대를 하고 있는지 파악하고, 지켜야 할 것을 최적화할 수 있도록 오리엔테이션에 참여하기를 권장한다. 자신만의 편견과 추정을 인식하는 것이 중요하며, 프로그램에 참여하는 것이 적절한가는 개별적으로 평가되어야 한다. MBSR 프로그램에서 혜택을 얻을 수 있는 핵심 요소는 개인의 동기와 결단력 그리고 얼마나 열심히 참여할 수 있는가이다.

MBSR 오리엔테이션

내가 1984년에 가르치기 시작한 이래로 MBSR의 인기는 기하급수적으로 증가해 왔고, 우울증을 위한 마음챙김에 근거한 인지치료, 마음챙김에 근거한 재발 방지, 마음챙김에 근거한 먹기, 1차 진료를 하는 의사와 환자들의 마음챙김 훈련 등 많은 마음챙김에 근거한 중재에 영향을 미쳤다. 그 인기로 인해 일부 사람은 MBSR을 쉽게 배우고 적용할 수 있는 기법으로 간주하기도 한다.

MBSR은 외워서 적용할 수 있는 일련의 연습법 그 이상이다. MBSR에는 사람들이 더 많이 자각하고 더 많이 수용하도록 이끄는 전체성(wholeness)이 있다. 하루 45~60분씩 시간을 내어 지속적으로 주의를 기울이며 세상을 보는 방식을 강조하는 안내 명상을 듣는 것은 쉬운 일이 아니다. 이렇게 하려면 결단력과 인내심이 필요하다. 모든 사람이 할 수 있다거나 할 의향이 있다는 것은 아니다. 기대치가 비현실적인 경우도 있다. 어떤 사람들은 MBSR을 병을 치료할 수 있는 빠르고 쉬운 치료법으로 생각한다. 또 참가자 중에는 매일 멈추고 공식적으로 마음챙김 수련을 할 의지나 능력을 갖추지 못한 사람도 있다.

이 프로그램은 경험하는 것이기에 수동적 학습이 아닌 적극적 참여가 요구된다. 사람이 조용히 앉아 있다 보면 격한 감정이 올라올 수 있는데, 이때 그 감정에 잠기거나 다시 트라우마를 겪지 않고 그 순간을 견디는 것이 중요하다. 그래서 매일 한 시간씩 집에서 연습해야 하는 이 엄격한 31시간짜리 프로그램에 대해 현실적인 기대를 할 수밖에 없으므로 마음챙김 센터는 무료 오리엔테이션을 열고 있다. 여기서 사람들은 프로그램을 소개받고, 짧은 명상을 경험하고, 수업에 참여하는 것이 적합한지 결정하게 된다.

MBSR 수업 참여가 부적절한 사람

- 모든 수업과 매일 해야 하는 마음챙김 수련 시 지켜야 할 것을 충실히 할 수 없는 사람

- 현재 알코올 의존증이나 불법 약물을 지속적으로 사용하는 사람, 자살의 위험이 있는 사람, 자신이나 타인에게 위협적인 사람, 수업 중 술이나 마약에 취해 있는 사람
- 정신병, 사고 장애 및 심한 정신질환의 증상을 나타내는 사람
- 대인관계 능력이 없어 그룹 활동을 할 수 없는 사람

사람마다 문화적 차이가 있음을 인정하고, 수업 참여 시 필요한 내용을 잘 이해했는지 확인하는 것이 중요하다. 만약 수업에 참여하는 것이 적절한지 의문이 든다면 의사나 치료사에게 그들이 어떤 상태인지, 수업으로부터 혜택을 받을 수 있는지에 관한 정보를 많이 얻는 것이 중요하다.

수업 중 일어날 수 있는 위험한 점, 유익한 점 및 부가적 효과

위험한 점

- 자신의 단점을 보게 된다.
- 변화를 보게 된다.
- 변화가 있으면 균형을 잡기 위한 조정이 필요하게 된다.
- 균형 잡히지 않은 삶을 알게 된다.
- 고통을 경험할 수 있다.
- 기쁨을 경험할 수 있다.
- 자신에 대해 더욱 잘 알게 되고, 바로 통찰하게 된다.
- 옛 기억이 되살아날 수 있다.
- 과제를 위해 일정을 조정해야 한다.
- 몇 가지 일들을 내려놓아야 한다.
- 몰랐던 자신과 직면할 수 있다.
- 자신이나 타인과의 관계를 이전과는 다르게 경험할 수 있다.
- 자신이 알게 된 것이 마음에 들지 않을 수도 있다.

- 새로운 것에 도전하게 될 수 있다.
- 더 자유로워짐에 따라 더 많은 선택을 해야 할 수 있다.

유익한 점

- 정신적 고통이 감소한다.
- 안녕감을 더 느낀다.
- 행복, 기쁨, 즐거움을 느낀다.
- 삶이 더 균형 잡힌다고 느낀다.
- 마음챙김으로 더 명료하고 이해의 폭이 넓어진다.
- 마음이 더 고요해진다.
- 전체성, 광대함, 공간, 연결성을 느낀다.

부가적 효과

- 새롭게 이해한다.
- 보다 넓은 관점이 생긴다.
- 놀랍도록 충만해진다.

삶은 위험한 요소와 유익한 점 그리고 부가적 효과로 가득 차 있다. 나는 동의서에 서명했다. 만약 당신이 충만한 삶을 원한다면 수업에 참여하기로 동의하는 것 외에 다른 선택이 있겠는가?

* 『지금 여기에: 마음챙김을 통해 암과 함께 잘 살기(Here For Now: Living Well with Cancer through Mindfulness)』에서 발췌(Rosenbaum, 2005)

고통이란 무엇인가

MBSR의 핵심은 고통을 덜어 주는 것이다. 고통은 보편적이지만, 사람들은 각

자의 방식으로 고통을 경험한다. 고통에는 많은 원인이 있지만, 각각의 원인 저변에는 위험하다는 느낌과 자아에 대한 위협이 있다. 어떤 것이 실제와 다르기를 바라며, 자신이 경험한 현실에 저항하면 고통이 유발될 수 있다. 가질 수 없는 것을 갈망하고, 집착하고, 붙잡는 것이 고통을 만드는 원인이다. 종종 그것은 알아차림 밖에서 일어난다. 수련을 한다는 것은 자신의 인간성을 마주하는 것이고, 즐거울 때에도 고통스러울 때에도 그것과 직면하는 것이다. 그러한 것들은 일이 잘 풀릴 때에는 대단치 않게, 당연하게 여기게 된다. 하지만 고통은 관심을 끌게 된다. MBSR의 목표 중 하나는 이 정서적 · 육체적 고통을 직면하고 사랑으로 관심을 가지는 것이다.

마음챙김이 죽음이나 상실 또는 질병을 막아 주는 것은 아니다. 하지만 나쁜 일이 일어날 때 그것을 어떻게 받아들이고 관계를 맺는지에 변화를 가져온다. 많은 사람이 마음챙김을 마음의 상태를 수용하는 것이 아니라 마음을 비우는 것으로 여긴다. 수용은 저절로 되는 것이 아니다. 수용은 과정이며, 수련이 필요하다. 마음챙김을 계속 수련하고 알아차림을 유지하기 위해서는 연민과 인내 그리고 친절이 필요하다.

친절과 연민으로 이 순간을 알아차리면 마음이 활기차게 된다. 그러면 우리는 있는 그대로의 경험에 온전히 들어갈 수 있게 된다. 무심코 지나쳤을지도 모르는 꽃이 피는 것을 볼 수도 있고, 욕실에서 피부에 닿는 물의 느낌과 그에 따르는 상쾌함을 느낄 수도 있다. 이러한 알아차림으로 우리는 고통에 좀 더 너그러워지고, 두려움을 쫓아내려고 하기보다는 직면하고, 미래나 과거를 고정적인 것으로 보기보다는 선택이 가능한 것으로 보게 된다.

MBSR 워크숍을 한 후에 한 참가자가 나에게 다가온 적이 있다. 그녀는 마음챙김이 자신과 맞지 않는다는 생각이 들어서 너무 힘들었다고 했다. 그녀는 불안한 일을 많이 겪었으며, 자신이 어때야 하는지, 어떤 일이 일어나야 하는지 크게 기대하고 있었다. 불안하지 않을 때에는 자신의 불안한 상태와 공황장애에 대해 걱정했다. 그녀의 상태는 너무 심각했고, 매일매일 그녀의 삶을 갉아먹고 있었다. 거기에는 수많은 판단과 그로 인한 고통이 있었다.

워크숍을 하는 동안에 잠깐 멈추고, 숨을 쉬고, 미소 지으며, 그녀는 자신을 통제할 수 있다는 것을 알게 되었다. 그녀는 멈출 수 있었다. 그녀는 자신의 몸을 느낄 수 있었고, 발을 느낄 수 있었고, 호흡을 경험할 수 있었고, 주의를 다시 집중시킬 수 있었다. 불안감에만 집중하지 않는 것이 가능해졌다. 마음챙김하며 건포도를 먹으면서 감각 알아차림 연습을 하는 동안, 그녀는 입 안의 향이 폭발하는 것을 느꼈고, 건포도가 변화되는 것을 경험했다. 현재에 존재하는 것은 그녀의 생각과 두려움으로 한정되었던 세상보다 더 큰 세상을 만드는 데 도움이 되었다. 이로써 그녀는 당황하지 않고 긴장감을 감각으로 느낄 수 있었다. 그녀는 자신의 생각에 반응하기보다는 지켜볼 수 있다는 것을 알게 되었다.

친절과 연민과 수용은 호기심과 반복적인 수련처럼 이 과정의 핵심이다. 불안감은 완전히 사라지지 않았지만 그것에 동반되는 고통은 줄어들었고, 다루기가 쉬워졌다. 마음챙김을 직접 경험하는 것은 개념적이고 오해하기 쉬운 지적인 연습으로부터 변화가 가능하고 고통에서 벗어나는 것이 가능하다는 것을 보여 주는 실제적인 차원으로 그녀를 인도하였다.

고통

대부분의 고통은 상황을 있는 그대로 받아들이지 못하고 다르기를 바라는 데에서 비롯된다. 당신은 어떤 상황이 되길 바라는가? 가능한 한 자세히 묘사하고 받아들이기 어려운 점은 어떤 것이 있는지 써 보라.

고통스러운 상황을 떠올리면 몸에서 어떤 느낌이 드는가?

고통스러운 상황을 떠올리면 어떤 생각이 드는가? 얼마나 자주 생각하는가? 얼마나 오랫동안 떠오르는가?

이러한 생각들은 몸에 어떤 영향을 주는가?

고통스러운 상황은 당신이 어떻게 행동하도록 하는가?

S.T.O.P.

멈주기(Stop)
호흡하기(Take a breath)
마음 열기, 관찰하기(Open, Observe)
계속하기(Proceed)

멈추기, 호흡하기, 마음 열기/관찰하기, 계속하기

- 주위를 둘러본다.
- 발을 바닥에 대고 느껴 본다.
- 여기에 있는 모든 소리를 듣는다.
- 숨을 마시고 있는가, 내쉬고 있는가?
- 움직이고 변화하는 호흡의 리듬을 느낄 수 있는가?
- 몸 어디에서 숨을 느끼는가?
- 지금 느껴지는 것을 어떻게 받아들일 수 있는가?
- 지금 이 순간 고통이 있는가? 그렇다면 그것은 무엇인가?

고통으로부터의 해방/완화

고통으로부터의 해방감과 완화감을 경험한다는 것은 어떤 의미인가?

이러한 자유를 경험하는 자신을 최선을 다해 상상해 보라.

고통은 당신이 하는 일과 살아가는 데 어떤 영향을 미치고 있다고 생각하는가? 다음을 포함하여 최대한 자세히 말해 보라.

생각

감정

감각

원한다면 이러한 상황에 알맞은 그림을 그리거나 찾아서 표현할 수 있다.

의도 설정하기

의도에는 힘이 있다. 스트레스를 받을 정도로 지나치게 노력하거나 밀어붙이지 말고 자신이 진정으로 원하는 것을 기억하여 현실적인 목표를 세우는 것이 마음챙김의 일부이다. 자신의 생각과 감정과 감각을 항상 알아차리는 것은 힘들 수 있다. 우리는 질병과 상실이 존재하는 와중에도 더 행복하고 더 건강하며, 더 편안하게 살 수 있다는 것을 믿어야 한다.

흔히 자신을 부정적으로 판단하면 혐오감이 생겨 방어력이 강화되고 고통의 순환이 반복된다. 진정으로 고통을 줄이고 더 편안하기를 바라는 깊은 열망에 연결되기를 원할수록 마음챙김은 더 쉬워진다. 그러면 우리는 삶을 살아가는 방식과 생각, 감정, 행동의 결과에 주의를 기울일 수 있다.

변화는 우리 자신의 인간적 약점을 자각하고 수용함으로써 시작된다. 어떤 일이 일어나는지 계속 알아차리는 데에는 헌신과 인내와 신뢰가 필요하다. "모든 것은 지나간다."라는 말은 "나는 인간이다."라는 말처럼 가장 많이 회자되는 말이다. 우리는 마음의 작용과 인간의 모험에 대해 호기심을 가질 수 있을까? 우리 내면과 주변에서 관찰되는 것에 어떻게 접근할 수 있을까? 마음이 하는 모든 일에 가슴을 열고 더 건강한 생활양식을 키우기 위해 우리가 원하지 않는 방법을 사용해야 할 때, 연민의 마음을 가질 수 있을지 두려운가? 이미 확립된 존재 방식에 기꺼이 의문을 가질 수 있을까? 새롭게 배울 수 있을까? 그것이 흥미로울까, 아니면 너무 힘겹게 느껴질까?

나의 의도

이 책에서 바라는 것이 무엇인가? 진정으로 얻고 싶은 것이 무엇인가?

유명한 기독교 작가이자 신학자이며 신비주의자인 토마스 머턴(Thomas Merton)은 우리에게는 이미 다른 사람들과 평화롭게 조화를 이루며 살 수 있는 능력이 있다고 믿었다. 당신은 무엇을 믿는가? 무엇을 찾고 있는가? 그것은 당신의 의도에 어떤 영향을 미치는가?

아무런 방해를 받지 않는 장소에서 편안한 자세를 취한다. 몸의 어느 부위에서 호흡을 가장 분명하게 느낄 수 있는지 알아차리면서 호흡을 하고, 호흡을 느끼는 시간을 갖는다. 잠시 시간을 내어 다음의 질문을 자신에게 한다. 시간을 가지고 한 번에 하나씩 한다. 서두르거나, 애쓰거나, 어떤 일이 일어나게 하려고 노력하지 않아도 좋다.

각 질문을 연못에 떨어지는 조약돌처럼 내버려 두면서 반복적으로 자신에게 묻는다. 너무 깊이 생각하지 말고, 자연스럽게 답이 나오도록 한다. 답을 얻지 못하는 것 자체가 유익할 수도 있다. 질문을 자갈이라고 상상하고, 질문이 자갈이 되어 연못 속으로 점점 더 깊이 들어가면 반응도 더 깊어지고 더 잘 알 수 있게 된다. 답을 쓰고, 읽어 본 후에 잠시 멈추고, 다시 한다.

내가 진정으로 원하는 것은 무엇인가? 나의 가장 깊은 욕구는 무엇인가?

지금 어떻게 살고 있고, 이 욕구를 충족시키기 위해 나는 무엇을 하고 있는가?

이 욕구를 충족시키기 위해 무엇이 필요한가?

___

___

___

이러한 욕구를 충족시키기 위해 어떤 장애물을 극복해야 하는가?

___

___

___

건강하고 행복하게 잘 살고, 원하는 것을 경험하기 위해 어떤 자질을 기르고 강화해야 하는가?

___

___

___

의도를 정하고 그 의도에 헌신하라

시간을 내어 쓴 내용을 곰곰이 생각해 보고, 정말 중요하고 의미 있는 것이 무엇인지 다시 물어본 다음에 자신의 의도를 적어 본다.

나의 의도는 ___.

기억할 것: 의도는 우리를 움직이는 원동력이다. 우리는 의도를 항상 의식하고 있지는 않지만, 의도는 우리의 관심사와 살아가는 방식에 영향을 미친다. 예를 들어, 친절하고 자비로운 사람이 되고자 하는 의도가 있다면, 판단적이고 비판적인 자신을 발견할 때 이것이 조건화된 것임을 떠올리면 일어나는 일을 받아들이는 것이 더 쉬워질 것이다. 또 친절하게 대하고 판단하지 않겠다는 의도가 있다면, 모든 것은 변한다는 관점을 유지하고 그 사실을 기억하는 데 도움이 될 수 있다. 이런 의도는 인내심을 갖고 마음챙김을 지속적으로 수련하는 데 도움이 된다.

당신의 내면에서는 어떤 것이 자신의 의도를 지지하는가?

당신의 외부에서는 어떤 것이 자신의 의도를 지지하는가?

자신의 의도를 성취하는 모습을 상상하라. 의도가 무엇인지, 사는 방식에 어떤 영향을 미치는지 적어 보라. 명상하는 것은 잊기 쉬우므로 우체부처럼 날씨가 좋든, 나쁘든 헌신적으로 할 필요가 있다. 헌신은 지도자나 권위자에게 하는 것이 아니라 우리 자신에게 하는 것이다.

기꺼이 헌신하기

매일 얼마나 S.T.O.P.를 하고 마음챙김을 수련할 시간을 가지겠는가? 어떤 내용이 포함될 것으로 생각하고, 어떻게 그 수련을 유지할 계획인지 적어 보자.

내가 헌신할 일은

연습 시간은

연습 장소는

제2장

마음챙김이란 무엇인가

마음챙김: 존재 방식

"우리가 깨어 있는 날만 동이 튼다."

– 헨리 데이비드 소로

마음챙김을 한다는 것은 무엇을 의미하는가

의미와 목적

지금 이 순간이 우리가 돌아갈 시점이다. 마음챙김은 우리가 살아가는 방식과 지켜야 할 원칙을 말하는데, 여기에는 도덕적 행동, 관대함, 열린 마음, 친절, 지나치게 애쓰지 않음, 초심 유지하기, 수용 같은 자질을 키우는 것이 포함된다. 우리의 경험과 주의를 기울이는 방식을 인정하면 집중력이 길러질 뿐만 아니라 인내와 신뢰를 가지고 비판단적으로 행동할 수 있다. 차별이나 분별의 관념에서 생기는 것을 보고, 주의를 기울이는 대상을 처음 보는 것처럼 경험함으로써 우리는 새로운 관점을 갖게 된다. 이로써 우리는 더 많은 선택권을 가지게 된다.

마음챙김은 무언가 하는 것이라기보다는 알아차림과 존재에 관한 것이다. 마음챙김은 알아차림이나 자각으로 번역되는 팔리어 '사티(sati)'를 번역한 말이다. 여기에는 기억과 다시 모으는 과정이 포함되는데, 이것은 분리되어 있다고 생각되는 것을 하나로 모아 온전한 삶을 경험하는 것을 말한다. 이것은 적극적이고 지속적인 과정이며, 역동적인 과정을 반영하기 위해 카밧진은 '알아차림을 유지하기'라고 말했다.

카밧진은 마음챙김을 판단하지 않고 현재의 순간에 특별한 방식으로 의도를 가지고 주의를 기울이는 것으로 정의했다.

의도를 가지고: 의도적이고 헌신적으로 한다.

현재의 순간에: 매 순간 일어나는 일을 그 순간에 직접 경험함으로써 현재의 순간에 머물 수 있다.

판단하지 않고: 직접 경험하는 것에 저항하지 않고 현재 존재하는 것을 있는 그대로 받아들일 때 판단하지 않을 수 있다.

존 밀턴(John Milton)은 『실낙원(Paradise Lost)』에서 "마음은 지옥 속에서 천당을 만들어 내기도 하고, 천당 속에서 지옥을 만들어 내기도 한다."라고 하였다. 즉, 마음에는 강력한 힘이 있다는 것이다. 마음이 어떻게 작용하는지를 살펴보면 우리를 어떻게 이끌어 가는지 직접 경험을 할 수 있다. 이러한 경험으로 무의식은 의식화되고, 통찰력으로 잘못된 믿음과 해로운 행동을 꿰뚫어 보게 된다. 그리고 어떤 일이 일어났을 때 차단하거나 부정하거나 싸우기 않고 사실 자체를 인정하게 된다. 마음챙김에 근거한 인지치료에서는 다음과 같이 말한다.

당신은 그것을 좋아할 필요는 없지만 인정할 필요는 있다.

마음챙김에는 윤리적 근거가 있다. 우리는 조화로움과 명료성 및 지혜를 더 키우기 위해 수련한다. 자신에게도, 타인에게도 해를 끼치지 않고 이로운 행동을 하겠다고 약속함으로써 마음은 스스로 깨끗해진다. 시간이 흐르고 그 안에서 노력하면서 마음은 정화된다. 통찰력으로 잘못된 신념이나 개념을 꿰뚫어 보면 자신의 생각과 감정 그리고 행동의 결과를 알 수 있다. 우리는 이러한 마음의 힘을 이용하여 조화로움과 명료함 그리고 지혜를 더 많이 경험하려는 의도를 가지고 주의를 기울이게 된다.

조화로움, 명료함, 지혜–우리가 진실된 것을 받아들일 수 있을 때, 우리는 평화로워지고 행복에 도움이 되지 않는 습관으로부터 자유로워지고, 유익하고 건강한 것에 중점을 두게 된다.

이것에는 수련과 헌신이 필요하다.
수련과 헌신은 마음챙김에 필수적이다!

우리는 깨어 있고 삶에 알아차림(마음챙김)을 불어넣기 위해 자신을 헌신할 때, 일상을 더 완전하게 경험할 수 있다. 틱낫한(Thich Nhat Hahn) 스님은 명상을 시작하는 사람들에게 다음과 같은 짧은 문구를 소개하였다.

> "숨을 들이쉬며 몸과 마음을 고요히 한다.
> 숨을 내쉬며 미소 짓는다.
> 이 순간 살아 있는 지금이
> 소중한 순간이다."

우리가 살아 있다는 것을 깨달으면 경험하는 대상에 대한 관점이 생긴다. 틱낫한 스님이 말한 문구는 언제든지 이용할 수 있다. 이 문구는 평화의 씨앗을 뿌리고, 이것으로 우리는 어려움에 직면했을 때 관점을 유지할 수 있다.

고려할 점: 마음챙김을 정의하기 위해 어떤 단어를 사용할 것인가? 다른 사람에게 설명하기 위해 무엇을 강조할 것인가? 당신의 설명은 마음챙김을 배우는 사람의 언어와 이해 수준에 따라 어떻게 다른가?

멈추기(Stop)
호흡하기(Take a breath)
마음 열기, 관찰하기(Open, Observe)
계속하기(Proceed)

호흡 공간

잠시 책을 내려놓고 눈을 감은 채 호흡을 하면서 몸이 움직이는 것을 느껴 본다. 숨을 들이쉴 때 '고요함', 내쉴 때 '내려놓음'이라고 속으로 말한다. 얼굴에 힘을 빼고 어떤 일이 일어나는지 알아본다. 미소를 지을 때 당신에게 어떤 영향을 미치는지도 알아본다. 이렇게 하면 판단도, 변화도 기대하지 않으면서 일어나는 일을 있는 그대로 알 수 있는가?
이렇게 하면 무엇을 알 수 있는가? '고요함'이라는 말은 하지 않고 호흡에만 주의를 기울여 본다. 이때 숨이 어떻게 들어오는지, 무엇에 주의가 가는지 알아차린다. 얼굴 어디에 힘이 들어가 있는지, 이완되어 있는지를 의식하되 의식적으로 미소를 지을 필요는 없다. 주의가 지금 이 순간에서 멀어져서 지금 일어나는 것을 경험하지 못한다는 것을 알아차리면 집으로 돌아오듯 호흡으로 돌아올 것을 기억하라. 의도를 기억하고 호기심을 가지라. 무슨 일이 일어나는가?
다시 읽기 시작했을 때 어떤 것이 바뀌었는가? 이 순간을 소중하게 여길 수 있는가? 경험한 내용을 기록한다.

감각

느낌 및 감정(유쾌함, 불쾌함, 중립적임)

생각

호흡 공간

하던 일을 멈추고 몸과 마음과 감정 속에서의 경험을 살펴보기 위해 잠시 시간을 가진다. 이것을 온종일 해 보라.

의식적으로 몸 안에서 호흡을 느끼라 ……

알아차리기 ……

허용하기 ……

계속하기 ……

모든 것은 변한다–무상(無常)

지금쯤은 변하지 않는 것은 아무것도 없다는 것을 눈치챘을 것이다. 모든 것은 변한다. 숨을 쉴 때에도 관찰해 보면 매번 호흡이 달라짐을 알아차릴 수 있다. 매 순간 호흡은 약간씩 다르지만 모두 우리의 내면과 외부에서 일어나는 일에 반응하면서 이어지는 흐름이 있다. 비판단적으로 생각과 감정, 행동을 관찰하려는 의도를 가지고 주의를 기울임으로써 우리가 건강하고 건전한 방식으로 생각하고 느끼고 행동하는지 더 자유롭게 평가할 수 있다.

마음챙김을 수련하는 첫 번째 방법은 무언가 바꾸기 위해 서둘러 행동하지 않고 여기에 있는 그대로 알아차리는 것이다. 부드럽고 주의 깊게 무슨 일이 일어나든 허용한다면 원인과 조건을 알아보고 정보를 수집하여 심한 변화 속에서도 균형을 찾고 그 다음에 어떻게 계속해 갈지 선택하는 것이 가능하다.

MBSR에서는 우리 각자에게는 타고난 지혜가 있고 변화할 수 있는 능력이 있다고 믿는다. 이는 모든 것이 변화한다는 무상함을 인정하는 것을 의미한다. 인간이라면 누구나 노화와 질병, 상실 그리고 죽음을 겪는다. 나쁜 일이 일어날 때에는 그 일이 영원하지 않다는 것을 알고, 좋은 일이 일어날 때에는 붙잡고 싶지만 그럴 수 없다는 것을 알아야 한다. 우리가 가진 조건과 정신적으로 형성된 것은 우리가 어떤 상황에서 회복되거나 나아가는 데 도움이 되거나 방해가 될 수 있다. 이것을 받아들이려면 무상함을 인정해야 한다. 이러한 내용을 깨닫고 변화에 대한 우리의 대응을 알아차리는 것이 마음챙김의 일부이고, MBSR 교육과정의 핵심이다.

변화에 대한 관계

잠시 쉬면서 자신이 어떤 자세를 하고 있는지 알아차린다. 그 순간 호흡이 들어오고 나가는 것을 알고 몸의 어느 부분에서 느껴지는지 적어 본다. 그때 다르게 호흡을 하려고 하지 말고 있는 그대로 매번 호흡이 달라지는 것에 주의를 기울여 본다. 호흡의 길이는 어떠한가? 이번 호흡이 다른 호흡보다 길거나 짧은가? 속도는 어떠한가? 빠른가, 느린가, 변하는가? 숨소리도 들어본다. 무슨 소리가 들리는가? 숨소리는 어떻게 변하는가?

이렇게 몇 분을 한 후에 눈을 뜬다. 전과 다른 것이 관찰되었는가? 당신에게는 어떤 변화가 있었는가? 자세는 이전과 동일한가? 호흡과 생각과 감각이 어떻게 변했는지 적어 보라.

우리는 변화를 겪으며 적응하고 새로운 균형에 도달한다. 이 과정에서 우리는 스트레스를 받기도 한다. 당신은 변화를 어떻게 받아들이는가? 어떤 변화는 매우 극적이고, 그래서 그 속에서 평화로움을 느끼는 것은 매우 어렵다. 나는 아팠을 때 생각이나 느낌을 단어로 말하기는 어렵지만, 이미지로 표현하는 것은 쉽다는 것을 발견했다. 다음의 수채화를 보면 평화로운 상태로 있는 것이 가능하고, 변화가 삶의 일부라는 것이 떠오른다. 바다와 하늘은 평온한 느낌을 준다. 단어들이 자연스럽게 떠오르고, 나는 나의 상태를 더 잘 받아들일 수 있다.

마음챙김이나 평화로움을 표현하는 데 적합한 이미지가 있는가? 아니면 새로 만들고 싶은 이미지가 있는가? 기존의 이미지에 이름을 붙이거나 또는 새로 그릴 수도 있다.

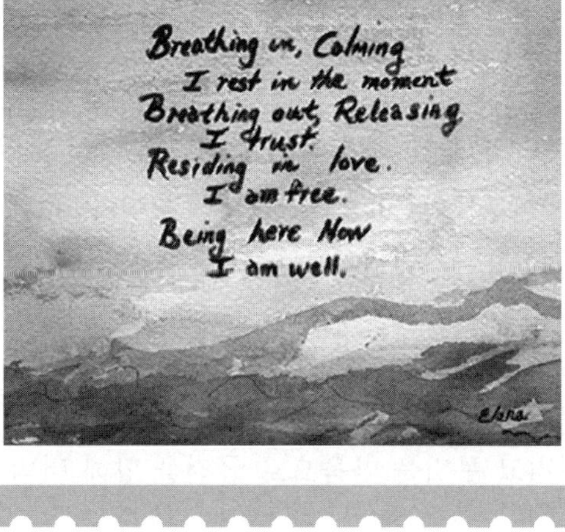

이야기의 활용

숨을 들이쉬고 내쉬면서 호흡의 변화는 알지만, 대부분 이 기적같이 일어나는 호흡을 당연하게 여긴다. 만물의 일시적인 본질을 강조하고, 이 주제에 제대로 접근하기 위해 솔로몬의 반지에 대한 이야기를 알아보자.

솔로몬 왕은 매우 지혜롭다고 알려져 있는데, 그는 친절하고 관대할 뿐만 아니라 현명하고 믿음직한 신하들에게 둘러싸여 있는 것을 좋아했다. 신하 중 한 명은 똑똑하긴 하지만 불친절하고 자신의 지위와 지식으로 우쭐대며 너무도 오만했다. 그는 자신이 어떤 일에도 실패하지 않는다고 생각했다. 솔로몬 왕은 그 신하에게 겸손을 가르치고 싶어서 하기 힘들 만한 일을 시키기로 결심했다. 그래서 그 신하를 알현실로 불러들였다.

"기쁠 때는 슬프게, 슬플 때는 기쁘게 만드는 반지를 구해 올 수 있겠는가?"

신하는 왕이 개인적인 부탁을 하는 데 자신을 선택했다고 생각하여 몹시 감격하며 대답했다.

"폐하, 바로 구해 오겠습니다."

그에게 교훈을 주기 위해 솔로몬 왕은 시간을 많이 주지 않았다.

"바로는 아니더라도 3일 안에 가지고 오시오."

신하는 알현실을 떠나 그가 가장 좋아하는 보석상에게 가서 슬플 때는 기쁘게, 기쁠 때는 슬프게 만드는 반지를 요구했다.

그 보석상은 두려움에 떨며 그런 반지는 없다고 했다. 신하는 화를 내며 다른 보석상에게 갔지만 원하는 반지를 찾을 수 없었다. 여기저기 헤매고 다닐수록 더 절망적이고 불행해졌다. 가족과 친구들에게까지 물어보았지만 아무도 그를 도울 수 없었다.

마지막 3일째까지 반지를 찾지 못한 그는 슬픔에 빠졌고, 반지를 찾을 수 있다는 확신을 버리고 무거운 마음으로 궁전을 향해 터벅터벅 걸어갔다. 궁전 입구에

도착했을 때 처음 보는 행상인이 있었다. 그는 한 번만 더 물어보자는 생각이 들었다. 가판에는 놋쇠로 만든 반지가 진열되어 있었다. 신하는 행상인에게 부드럽고 정중하게 물었다. 행상인은 그의 사정이 딱해 보였고, 그에게서 진실로 반지를 찾고자 하는 모습을 보았다.

"제가 도와드릴 수 있을 것 같습니다."

행상인은 반지를 하나 골라서 무언가 글귀를 새겨 신하에게 건넸다. 그 글귀를 읽으며 신하는 미소가 지어졌고, 기분이 가벼워지면서 행복을 느꼈다. 그가 궁전에 들어갔을 때 솔로몬 왕은 홍겨운 음악에 맞춰 춤을 추며 맛있는 음식이 가득한 곳에서 잔치를 벌이며 행복해 하는 사람들 가운데 앉아 있었다. 솔로몬 왕은 아름다운 여인들로 둘러싸인 채 매우 행복하게 그의 곁에 있는 풍요로움을 즐기고 있었다. 신하는 솔로몬 왕에게 다가가 전처럼 거만하게 허세를 부리지 않고 무릎을 꿇고 반지를 올렸다. 반지에 새겨진 글귀를 읽자 솔로몬 왕은 표정이 바뀌었고, 주위를 둘러보며 슬픔을 느꼈다.

반지의 글귀가 무엇이라고 생각하는가? 어떤 사람들은 아무것도 없다고 추측한다. 잠시 후 나는 그 글귀를 말해 주었다.

"이 또한 지나가리라."

이 또한 지나가리라

1. 살아가면서 자신을 행복하게 만드는 것은 무엇인가? 생각, 감정(유쾌함, 불쾌함, 중립적), 감각을 적어 보자.

2. 행복한 순간이 지나갔다고 상상해 보자.

행복이 지나간 것에 대해 어떤 생각이 드는가?

몸에서 어떤 감각이 느껴지는가?

마음 속에서 어떤 생각이 드는가?

어떤 느낌이 드는가?

3. 살아가면서 자신을 슬프게 만드는 것은 무엇인가? 생각, 감정(유쾌함, 불쾌함, 중립적), 감각을 적어 보자.

4. 슬픈 순간이 지나갔다고 상상해 보자.
슬픔이 지나간 것을 알아차렸을 때 자신의 몸에서 어떤 느낌이 드는지 살펴본다.

어떤 생각이 드는가?

어떤 감정이 드는가?

어떤 감각이 느껴지는가?

연결감 경험

마음챙김은 우리가 공통으로 가지고 있는 인간성과 우리 모두가 서로 연결되어 있다는 깨달음을 포함하는 하나의 존재 방식이다. MBSR의 첫 수업에 참여한 사람들은 자신이 혼자가 아니라는 것을 알고 놀라곤 한다. 참가자 모두가 무언가 변하기를 원하고, 지금 모습과 달라지기를 원한다. 그들이 가진 '문제'는 불가피해 보이고, 그 문제는 그들이 누구인지 규정하는 것 같다.

돌아가면서 프로그램 참여 동기를 말하다 보면 사람들은 자신이 혼자가 아니라는 사실을 깨닫게 된다. 수업에 참여하게 된 이유를 듣게 되면 고개를 끄덕이며 같은 마음이 든다.

남자이든, 여자이든 걱정으로 힘들어 하는 사람은 항상 존재한다. 하지만 고통에 분명한 이름을 붙이면 안도감을 느낄 수 있다. 돌아가면서 자신의 이름과 참여 동기를 말할 때 처음에는 긴장하고 수줍어하지만 다른 사람들의 참여 동기를 듣고 나면 분위기가 한결 따뜻해져서 자신의 약점과 고통도 있는 그대로 보여 주기가 더 쉬워진다.

이 속에서 친밀감이 형성되고 가능성이 생긴다. 각자 가지고 있는 문제는 다양하지만 MBSR 수업을 위해 자신을 드러내는 모습은 매우 감동적이며 서로 신뢰감과 유대감을 느끼게 한다. 모든 것이 다 괜찮은 척하지 않아도 되고 진짜 감정을 숨기느라 가면을 쓰지 않아도 되어서 다행이라고 생각한다. 이러한 안도감 속에서 마음챙김이 피어나고 평화가 시작된다.

R로 이루어진 마음챙김

자신의 약점을 인정하면 평화로워진다.

마음챙김은 다음의 단어를 포함한다(영문자 R로 시작하는 단어들이다).

- 마음챙김을 하기 위해서–기억하기(Remember)
- 현재 순간으로–돌아오기(Return)

- 무엇이 진실인지–인식하기(Recognize)
- 모든 것이 변한다는 것을–깨닫기(Realize)
- 더 이상 도움이 되지 않는 것은–놓아버리기(Release)
- 지금 바로 여기에 다시–집중하기(Refocus)
- 균형을–회복하기(Recover)
- 관점을–되찾기(Regain)
- 다시 채우기(Replenish)
- 휴식하기(Rest)–복원하기(Restore)–새롭게 하기(Renew)

마음챙김 소개하기

경험을 토대로 당신의 말로 마음챙김을 설명한다. 설명하는 말을 적어 스스로에게 말해 볼 수도 있다. 다른 사람에게 설명할 준비가 되면 우선 말로 마음챙김을 소개하고 그 후에는 짧은 경험을 통해 소개한다.

연결감을 가지기 위해 당신의 자세와 수업 참가자와의 위치를 알아차린다. 호흡에 따라 숨의 리듬감을 알아차리고, 그 리듬이 참가자의 호흡과 맞춰지는지 확인한다. 고요하고 차분한 태도는 주변을 물들인다. 그래서 당신이 어떤 목소리로, 어떤 어조로 말하는가가 중요하다.

참가자가 불안해 할 때는 호흡이 얕고 빠르다는 것을 알아차리면, 천천히 말하고 고르게 호흡하고, 호흡에 맞는 단어를 사용한다. 그러면 차분하고 호흡이 더 고르게 되도록 이끌 수 있다. 참가자가 일어나는 일을 판단하지 않고 볼 수 있도록 격려할 것을 기억하라.

여유를 가진다. 참가자가 어떻게 대응해야 한다는 기대는 버린다. 단지 주의가 어떻게 옮겨가고 호흡은 어떻게 바뀌는지 알아차린다.

당신이 지도하는 사람이 이끄는 대로 따른다. 그러면 그들과 함께할 수 있고, 지금 하는 직접 경험에 근거해서 개방적이고도 차분한 알아차림으로 안내할 수 있다. 편하게 잠시 멈추고 당신 자신과 당신이 지도하는 사람의 상태를 살펴본다.

참가자가 현재 펼쳐지는 자신의 경험에 주의를 기울일 수 있도록 그들과 연결되어 현재에 존재하는 연습을 한다. 참가자들에게 호흡을 느끼게 하거나, 소리를 들어보라고 하거나, 방 안을 둘러보게 하는 등 그 순간 가장 잘 느껴지는 것에 주의를 두게 한다. 이 과정을 여러 번 해도 된다. 이러한 비언어적인 행동과 태도는 당신이 마음챙김을 설명하기 위해 선택하는 단어만큼이나 중요하다.

이렇게 하는 동안 자신 안에서 일어나는 생각, 감정, 감각에 주의를 기울이도록 한다. 이 과정을 마치고 나면 마음챙김을 소개받은 참가자에게 어떠했는지 편안하게 물어본다. 이를 동반자로서 지금 여기를 기반으로 하여 함께 발견하는 여정으로 삼는다. 기대치에 주목하고 고정된 결과를 염두에 두기보다는 호기심과 경이로움을 가지고 이 기대에 접근하고 있는지를 확인해 보자.

이를 통해 배운 것을 적어 본다. 이 과정을 다른 사람들과 여러 번 해 볼 것을 추천한다.

마음챙김 수련의 핵심 태도

지금 이 순간에 마음을 열고 진정으로 현재를 경험하는 것은 저절로 되는 것이 아니다. 나는 운이 좋은 사람이다. 심각한 질병을 경험했고, 오래 살지 못할 것을 알기 때문이다. 이것은 내 생각이 아니라 사실에 바탕을 둔 것이다. 심하게 아플 때에는 매 순간이 특별했다. 몸이 조금 나아져서 좀 더 정상적인 일상이 가능해지면 숨 쉬고 걷고 말하고 스스로를 돌보고 일상생활을 할 수 있다는 것이 얼마나 소중한지 쉽게 잊게 된다.

우리는 행복을 위협하는 사건을 경험하게 되어 있으며, 이미 우리 안에 있는 것과 우리 주변에 존재하고 있는 것을 당연하게 여기기 쉽다. 마음챙김은 지금 이 순간에 머물러도 된다는 것을 기억하는 것이며, 마음을 행위하기보다는 존재하도록 설정해도 괜찮다는 것을 기억하는 것이다. 우리는 행위가 아닌 존재에 가치를 둔 인간이라는 사실을 잊기 쉽다.

『마음챙김과 자기치유(Full Catastrophe Living)』에서 존 카밧진은 마음챙김에 내재되어 있는 일곱 가지의 핵심 태도를 다음과 같이 말했다.

- 판단하지 않는다.
- 인내한다.
- 초심을 유지한다.
- 신뢰한다.
- 지나치게 애쓰지 않는다.
- 수용한다.
- 내려놓는다.

이러한 태도는 연민과 친절과 함께 MBSR 프로그램을 하는 8주의 과정 안에 스며들어 있다.

마음챙김 수련에서의 핵심 태도

- 판단하지 않는다(Non-judging)
- 초심을 유지한다(Beginner's mind)
- 지나치게 애쓰지 않는다(Non-striving)
- 내려놓는다(Letting-go)
- 친절하게 대한다(kindness)
- 인내한다(Patience)
- 신뢰한다(Trust)
- 수용한다(Acceptance)
- 연민을 갖는다(compassion)

마음챙김의 핵심 태도

판단하지 않는다

이는 편견을 가지지 않고 지금 이 순간을 직접 경험할 수 있도록 알아차리는 능력이다. 우리는 종종 어떤 것을 있는 그대로가 아닌 다른 모습을 원하고, 원하는 모습이 아니면 자신을 비난한다. 이러한 생각은 고통을 유발한다. 판단한다는 것은 무엇이 옳은지 평가하고 아는 것과는 다르다. 판단은 종종 비판적이고 부정적이며, 고통의 해방과 관련된 명료함과 수용의 태도를 지니는 데 지장을 준다.

비판단적인 태도는 자신에게 어떤 의미인가?
판단임을 인정하고 내려놓은 예로는 무엇이 있는가?

성찰하기: 자신이나 다른 사람에 대해 판단할 때 알아차린다. 자신의 판단을 판단하지 않도록 기억하라.

인내한다

이미 만들어진 행동과 태도가 습관이 되어 버리면 바꾸기가 쉽지 않다. 신경 전달 통로는 기본 위치로 형성되는데, 종종 자동적이고 무의식적으로 만들어진다. 그래서 새로운 경로를 만들려면 지속적인 반복이 필요하다. 이 과정에는 인내심이 필요하다.

인내한다는 것은 당신에게 무엇을 의미하는가?

성찰하기: 인내심이 필요한 일을 하고 있는가? 또는 인내심이 요구되는 어떤 일을 해야 한다고 생각하는가? 그것에 대해 적어 보라.

초심을 유지한다

우리가 어떤 기대와 가정을 하고 있는지 잘 알게 된다면 그 기대와 가정의 진실성을 평가하는 데 한층 자유로울 수 있다. 그리고 마치 아이가 호기심을 가지고 처음으로 세상을 보듯 신선하게 지금 이 순간으로 들어갈 수 있다.

초심을 유지한다는 것이 어떤 것인지 자신의 말로 설명한다.

익숙한 물건을 하나 선택하여 마치 전에는 한 번도 본 적이 없는 것처럼 관찰한다. 어떤 점을 발견할 수 있는가? 발견한 점을 적는다. 또 새로운 관점을 가지고 볼 친숙한 사람이나 사물을 상상할 수 있는가?

신뢰한다

미래에 어떤 일이 일어날지 우리는 알 수 없다는 사실을 받아들인다면 과거로부터는 자유로워지고 매 순간에 새롭게 들어갈 수 있다. 이렇게 되려면 알아차림 과정 자체를 신뢰하고 이 순간 미지의 세계를 발견해야 한다.

신뢰한다는 것은 당신에게 무엇을 의미하는가?
성찰하기: 자신의 직관을 믿고 내면의 앎과 확신에 따라 행동했던 때를 떠올려 보자. 그때를 생각하면 몸에서 어떤 느낌이 드는지 적어 본다. 이렇게 자기 안에서의 신뢰감을 경험하면 어떤 생각이 드는가?

지나치게 애쓰지 않는다

어떤 일이 생기길 바라거나 다르게 되기를 바랄 때 우리는 긴장감을 느끼고 스트레스를 받는다. 하지만 있는 모습 그대로 두고 받아들이면 긴장이 완화되고 새로운 가능성이 생긴다.

의미: 살아가면서 지나치게 애쓸 때 어떤 경험을 하는가? 그 결과는 무엇인가? 만약 좀 더 느긋하게 하면 어떻게 될 거라고 생각하는가?

수련하고 성찰하기: 명상 도중에 호흡을 바꾸려고 하거나, 어떤 일이 생기게 하려거나, 다른 경험을 하려고 할 때 그 순간을 알아차린다. 무언가 하려고 하지 않고 그냥 '내버려 두기'를 할 때 어떤 경험을 하는가?

무위(non-doing)는 우리의 행동주의 문화에 반대되는 것 같다. 이 책을 내려놓은 후 아무것도 하지 않고 1분 동안 있어 보라. 1분 이상도 괜찮다. 이때 무슨 경험을 했는가?

수용한다

평화로움은 판단으로부터 자유로운 과학자처럼 오로지 우리가 직접적인 경험을 할 때, 어떤 일이 일어나는 순간에 그것을 알아차릴 때 느낄 수 있다. 우선 현재를 있는 그대로 인정하고 열린 마음으로 받아들여야 한다. 그렇지 않으면 아무것도 변하지 않는다.

수용한다는 것은 당신에게 어떤 의미인가? 수용을 정의할 수 있겠는가?

받아들이기 어려운 감정은 어떻게 수용하는가?

개인적인 삶 속에서, 직업 속에서 수용은 어떻게 나타나는가?

내려놓는다

변하지 않는 것은 없다. 이러한 무상에 대한 인식은 마음챙김 요소 중 하나이다. 그릇에 물을 담을 수는 있지만, 손으로 잡을 수는 없다. 매 순간은 그 자체로 유일무이하고, 그것을 잡는 것은 불가능하다. 잡으려고 하면 고통만 생길 뿐, 변화 속에서 균형을 이루고 회복하는 방법을 배울 수 없다.

내려놓기는 의지가 필요한 것이 아니다. 숨 쉬는 것처럼 자연스러운 것이다. 일부러 하지 않아도 한 번 숨을 쉬면 그다음 숨을 쉬게 되고, 한 호흡이 끝나면 다음 호흡이 뒤따른다. 변화는 불가피한데, 종종 이 변화를 거부하기 때문에 스트레스가 발생한다. 우리는 좋아하는 것은 받아들이고 싫어하는 것은 밀어낸다. 현재 더 이상 도움이 되지 않지만 당신이 붙잡고 있다고 생각하는 것을 적어 보자.

그것을 내려놓는 상상을 해 본다. 어떤 느낌이 드는가?

연민을 갖는다/친절하게 대한다

친절은 다른 사람뿐만 아니라 우리 자신에게도 필요하다. 마음속에서 일어나는 일은 받아들이기 어렵고 경험하기 고통스러울 수 있다. 우리는 자신의 연약함을 포용하고 취약성을 인정할 수 있어야 하며, 어린아이처럼 부드럽게 자신을 보듬어줄 수 있어야 한다. 알아차림은 연민과 배려를 포함한다. 고통에 대한 인식과 그 고통을 덜어 주고자 하는 마음은 우리의 마음을 열게 한다.

우리가 인식하지 못한 채 주고받을 수 있는 사소하게 친절한 행동이 많이 있다. 도움의 손길을 내밀거나 미소를 짓는 것만으로도 친절할 수 있다. 내가 다른 사람에게 친절했던 일과 상대방이 나에게 친절했던 일을 적어 보자.

친절하다고 느꼈을 때 어떤 생각과 느낌이 드는가? 친절한 행동을 하루 일과의 일부로 만들려면 어떤 방법이 있는가? 자신을 친절하게 대할 특정 시간을 정하고 그 방법에 대해 써 보자. 어떤 효과가 있는가?

태도에 대한 성찰

잠시 책을 내려놓고 지금 이 순간 자신의 몸 상태는 어떤지 그리고 어떤 자세를 하고 있는지 알아차리며 마음챙김에 내재되어 있는 태도를 생각한다. 앉을 때 골반은 살짝 앞으로 기울이고, 머리와 척추는 일직선이 되도록 바로 펴고, 턱은 수평이 되도록 바른 자세로 앉는다. 의자에 앉아 있다면 손은 무릎이나 허벅지 위에 놓고 다리는 꼬지 말고 발바닥은 바닥에 붙이고 앉는다. 방석에 앉는다면 다리를 교차시켜서 한쪽 발을 허벅지에 올려놓는 연꽃자세로 앉거나, 한쪽 다리 안쪽으로 다른쪽 다리를 놓고 바로앉는다. 또는 방석에 무릎을 꿇고 앉을 수도 있다.
일단 자세가 안정되면 호흡에 주의를 두고 숨이 들어오고 나가는 것을 알아차린다. 이때 호흡을 현재에 있게 해 주는 닻이라고 여기고 호흡에 초점을 둔다.
3분 동안 지금 여기에 주의를 기울이며 숨 쉬는 몸을 관찰하는 것 외에는 아무것도 할 일이 없다. 하지만 곧 더 이상 호흡에 주의를 두고 있지 않다는 것을 알게 된다.
그러면 다시 현재로 돌아온다. 만약 통증이 느껴진다면 몸 어느 곳에서 감각이 느껴지는지 알아보고 그곳에 숨을 부드럽게 불어넣는다고 상상하며 통증이 느껴지는 곳에 머물러 본다. 그 후 다시 주의를 호흡으로 가져간다. 이때 숨을 들이마시는지 내쉬는지를 알아차린다.

이렇게 3분 동안 알아차림을 하며 현재 순간에 머물면서 무엇을 경험할 수 있는가? 목록에 더하고 싶은 태도가 있다면 이 명상을 할 때 포함해도 좋다.

이 명상을 하는 동안에 내가 관찰한 태도는 다음과 같다.

___

___

___

내가 키우고 싶은 태도는 다음과 같다.

___

___

___

제3장

마음챙김의 구현

THE HEART

MBSR 지도자 되기

MBSR 워크숍을 할 때면 나는 항상 '왜 여기에 참여하게 되었습니까?'라고 묻는다. 나는 사람들이 평생교육 학점을 받으러 온다는 것을 알고 있다. 그리고 그들이 그 날 8시간 동안 머무르면 그 학점을 얻게 될 것을 알지만, 다시 묻는다. "진정으로 오늘 얻고 싶은 것이 무엇입니까?"

대답은 개인적인 이유도 있고, 직업상의 이유도 있고 다양하다. 거기에는 마음챙김을 해 본 사람도 있고 아닌 사람도 있는데, 다들 영감을 얻고 스스로 성장하고자 하는 공통점이 있다. 다른 사람을 돌보는 일은 매우 어렵고 피곤한 일이기는 하지만 때로는 자신을 돌보는 일이 더 어려울 수 있다. 또 어려움이 생겼을 때 자신이 그 어려움을 어떻게 대하는지 알아보기보다는 외부에서 원인을 찾으려 하기 쉽다. 스트레스가 생기는 원인을 우리의 대응 방식보다는 다른 사람이나 주변 환경에서 찾으려고 하기 때문이다. MBSR 과정에는 상호작용이 많은데, 다른 사람에게 도움이 되려면 내가 먼저 배워야 한다는 전제를 두고 있다. 11세기의 유명한 유대인 랍비이며 현자이자 학자인 힐렐(Hillel)은 『선조들의 어록(B.C. 300년경에서 A.D. 200년경까지 약 500여 년에 걸쳐 유대교 랍비들의 교훈을 기록한 책–역자 주)』 1장 14절에서 다음과 같이 말했다. "내가 나를 위하지 않으면 누가 나를 위할 것인가? 내가 나 자신만을 위한다면 나는 어떤 사람이겠는가? 지금이 아니면 언제 할 수 있는 날이 있겠는가?"

다른 사람을 가르치는 능력은 우리 자신으로부터 시작된다. 일단 알아차림에 헌신한다면 그것은 일상생활의 일부가 되고, 여기 있는 모든 순간에 영향을 미친다.

마음챙김 수련은 역사가 오래되었으며, 천 년도 전에 붓다와 함께 시작된 전통의 일부이다. 서양에서는 무슨 일이든 빨리 해결하려는 경향이 있다. 붓다는 진리를 깨달은 사람을 의미하는데, 그는 오래전 인물로 인간의 행동을 주의깊게 관찰했다. 고통의 근원을 발견하고 고통에서 벗어나기 위해서는 수년간의 배움과 여러 가지 시도가 필요했다. 나는 MBSR을 가르치는 초기에는 다른 사람들을 돕기 위해서는 내가 완벽해야 한다는 생각에 어려움을 겪었다. 악마, 탐욕, 증오, 망상과 같은 것에 대처하기 위해 고군분투할 때의 붓다가 아니라 해탈한 후의 붓다처럼 완벽하고 해방되어 있어야 한다고 생각했기 때문이다. 이런 생각은 고통을 만들어 냈다.

MBSR 수업에서 다른 사람에게 마음챙김을 소개하고 가르치기 위해서는 개인적으로 수련을 지속하고 지도도 받아야 한다. 누구나 완전히 깨어 있고 마음이 열려 있는 좋은 지도자가 되고 싶겠지만, 우리 안의 자의식과 두려움으로 그런 지도자가 되기란 쉽지 않다.

내가 MBSR을 가르치기 시작했을 때, 수업을 잘 해낼 수 있을지 걱정하느라 내가 가진 능력을 발휘하지도 못하고, 방에 있는 참가자들과 함께하지도 못하고, 잘못하면 어떻게 하나 하는 내 안의 생각 속에 있었다. MBSR에는 따라야 할 교육과정이 있고, 이를 전달하는 방식은 매우 중요하다. 개인적인 경험에서 나오는 진정성이 없다면 그 내용을 잘 전달할 수 없다. 마음챙김 센터의 모든 훈련 프로그램은 개인 수련으로 시작한다. 이것은 우리가 어떤 사람이고, 강점과 약점은 무엇인지 인정하는 것을 의미한다. 마음챙김을 가르치는 방법은 우리 자신과 주변 환경과 어떤 관계를 맺고, 자신과 함께하려는 의지와 우리가 무엇에 감사하고 무엇을 원하는지에 따라 달라진다.

MBSR은 인간의 존엄성을 중요시하며, 지도자는 이러한 기준을 구현하고 유지하는 사람으로 여긴다. 지도자는 양치기인 동시에 무리에 속한 양이기도 하다. 우리에게 도움을 받으러 참가자들이 왔을 때, 우리 모두는 같은 바다에서 한 배를 타고 여행한다고 인식해야 한다. 서로 해를 끼치지 않고 모두에게 이익이 되는 것이 이 가르침의 핵심이다. 우리의 행동과 그 결과를 자각하기 위해 지도자들은 헌신해야 한다.

마음의 작용이나 생각, 감정, 감각을 친절하고 비판단적으로 관찰하라고 가르치는 것처럼, 우리 지도자들도 그렇게 해야 한다. 이는 실수와 약점을 인정하고 개방적이고 유연한 태도로 알아차림을 유지하고 인내하며, 자신과 타인을 존중하는 마음을 갖는 것을 의미한다. 이를 위해서는 알아차림이 해방이라는 믿음, 나아가 신념이 필요하다. 진실을 인정하면 힘들고 불편한 일이 줄어든다. 나는 더 적어지고 우리는 더 많아지며, 이야기는 더 적어지고, 명료함과 이해에 근거를 둔 경험에 대한 직접 관찰은 더 많아진다.

이를 위해서는 의도와 헌신, 노력과 훌륭한 유머 감각이 필요하다. 또한 새로운 발견과 관점에 열린 초심자의 마음이 필요하다. 친절과 연민은 핵심 가치이므로 자신이 평화를 해치고 있다는 것을 인식하더라도 자책하거나 비난하지 말 것을 기억해야 한다. MBSR 교육과정에는 자신의 분노, 의심, 두려움, 망상, 있는 그대로가 아닌 다르기를 원하는 마음, 좋은 것은 붙잡고 싫은 것은 밀어내려는 우리의 욕구를 인식하고 수용하는 내용을 포함하고 있다. 우리는 MBSR을 통해 우리의 인간성을 보고 앎으로써 변할 수 있다.

우리의 인간성을 직면하고 행동과 느낌을 신뢰한다면 삶은 더 평화로워진다. 이는 저절로 되거나 간단한 일이 아니다. 가족과 더 잘 지내기 위해 MBSR 수업에 온 한 남성을 예로 들어보자. 그의 스트레스 원인을 알아보고, 기분 나쁜 감정이나 생각 또는 감각에 대해 적어 보라고 하자 그는 다음과 같이 말했다. "쓸 게 없어요. 나는 화가 나면 소리를 질러요. 소리 지르는 게 좋고, 그러면 스트레스가 해소되지요."

질문을 하고 살펴본 결과, 그는 소리를 지르기 전이나 도중이나 후에도 무슨 일이 일어나는지 전혀 알아차리지 못했다. 그는 자신의 분노에 동반되는 감정, 생각, 신체적 감각을 알고 싶어 하지도 않았다. 그의 핵심 가치는 가족의 안정과 화합이었다. 이 가치에 맞게 살려면 조화로운 분위기를 조성하기 위해서 소리를 계속 지를지 말지 결정할 필요가 있다. 그는 이 사실에 대해 좀 더 자세히 살펴볼 것인가, 아니면 계속 소리를 지르며 그 결과에 만족할 것인가?

그의 행동과 그 결과 사이에 관련된 것을 알아보니 그것은 해방감이었다. 조화를 중시하면서 그는 분노 외에 다른 감정을 인식하기 시작했고, 스트레스를 관리할 수 있는 더 많은 방법을 배웠다. 이러한 대처 전략 중 몇 개를 다음 장에서 다룰 것이다.

마음챙김 구현하기

MBSR을 배우기 위해서는 시간과 노력이 필요할 뿐 아니라 실제적인 수련이 필요하다. 이 수련은 지식만이 아닌 가슴으로 해야 한다. 우리는 몸을 통한 비언어적 의사소통으로 생활 습관을 반영하고 말이 전달되는 방식을 만들어 낸다. 진심으로 마음챙김을 수련해야만 전달하려는 내용을 알고 그것을 다른 사람에게 전달할 수 있다. 자신의 혐오감과 자신이 어떻게 관련되어 있는지, 갈망과 증오와 망상에 얼마나 주의를 기울이려고 하는지는 다른 사람들과의 관계와 우리에게 오는 사람들을 어떻게 도울 수 있는지에 영향을 미친다.

이를 위해서 우리는 싫어하거나, 있는 그대로가 아닌 다르게 되기를 바랐다고 부끄러워할 필요가 없이 우리 자신을 직면하고 수용하면 된다. 또한 스승이나 지도자, 동료가 우리가 한 일에 대해 솔직히 피드백을 줄 수 있다면 더 좋다.

마음챙김 지도자는 MBSR을 배우는 사람과 마찬가지로 명료함, 사랑, 친절 및 평온함을 지닌 태도로 일어나는 일에 대해 멈추고 인식하는 능력을 강화해야 한다. 나는 지도자를 양떼를 돌보고, 배움을 위해 주의 기울이기라는 불을 사용하는 양치기라고 생각한다. 마음챙김에 대해 듣거나, 친구들이 수련하는 모습을 보고 마음챙김이 주는 혜택을 믿을 수 있다. 하지만 아무리 좋은 의도가 있더라도 마음챙김을 수련하는 데에는 확고한 결심이 필요하다. 자신의 결심을 지지하는 공동체에 속하면 도움이 될 것이다.

조용히 앉아 몸과 마음의 작용을 알아차리면서 자신의 태도, 생각, 행동에 직면하려면 용기를 내야 한다. 어려움과 고통은 피해야 하는 것이 아니라 인내심을 가지고 대할 필요가 있다. 결심은 굳게 하되, 친절과 연민을 잊지 않도록 한다.

교육에 필요한 사항

- 생활 속에서 자신이 어떻게 수련하고 있는지, 일상에서 어떻게 나타나는지 알기
- 진실과 호기심, 실수하는 것에 대해 불에 뛰어들 수도 있을 것 같은 용기를 내기
- 유연한 관점을 가지고 유지할 수 있는 능력 갖추기
- 평생 동안 할 발견의 여정 시작하기
- 지금 이 순간으로 계속 돌아올 것과 마음을 열 것을 기억하려는 의지
- 이 일을 하는 의도 기억하기
- 자신과 타인에게 도움이 되고자 하는 욕구
- 실수로부터 배우려는 의지
- 상호 연결성 및 공통의 인간성 깨닫기
- 친절하기

MBSR은 무엇에 관한 것인가

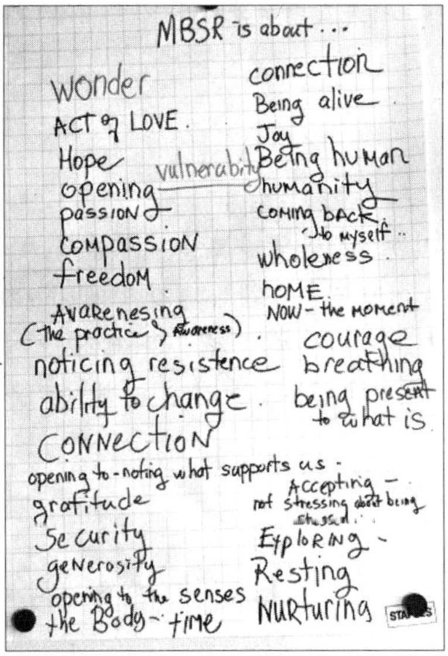

지금 하는 일을 어떤 이유로 하는지, 그것이 우리에게 어떤 가치가 있는지를 발견하는 것은 항상 유용한 일이다. MBSR을 배우고 마음챙김을 수련하는 것이 어떤 의미인지 강조하기 위해 나는 이 프로그램이 무엇에 관한 것이라고 생각하는지 참가자들에게 물었다. '경이로움, 사랑, 온전함, 돌아갈 곳, 연결성, 약점을 허용하고 마음을 여는 것, 공통된 인간성 등' 대단히 열정적인 단어들이 쏟아져 나왔다.

이 단어들은 그들의 개인적인 경험과 수련에서 나왔으며, 개인적으로 중요하고 다른 사람들에게 전하고 싶은 것을 반영한 것이다. 그들의 열정적이고 참신한 자세로 배움에 접근하는 태도가 매우 인상적이었다.

MBSR이 나에게 의미하는 것

마음을 가라앉히고 조용히 생각에 잠길 수 있는 편안한 장소에 앉아 스스로에게 다음의 질문을 한다.

MBSR이 무엇에 관한 것이라고 믿는가?

MBSR에 흥미를 느끼는 점은 무엇인가?

MBSR을 가르치기로 결정하거나, 가르치고 있다면 그 동기는 무엇인가?

스스로 이러한 질문들을 반복할 수 있는데, 이때 일어나는 생각뿐만 아니라 동반되는 감각도 알 수 있다. 어떤 질문에 대해 생각할 때 차분해지는가 또는 흥분되고, 초조해지는가? 이것은 몸 어디에서 나타나는가? 느낌은 어떠한가? 이 질문을 곰곰이 생각할 때 무엇을 알게 되는지 적어 본다. 이러한 활동을 여러 번 하면 새로운 순간마다 더 많은 발견을 할 수 있다.

내가 알게 된 것

MBSR 가르치기: 핵심 역량

나는 오랫동안 MBSR을 가르쳐 왔지만 새로 수업이 시작되기 전에는 여전히 긴장이 된다. 참가자들이나 나 자신에게 어떤 기대를 할지 전혀 알 수 없다. 교육과정은 나의 일부가 되었지만, 어떻게 훌륭하게 전달되는가는 지도자의 실력, 그룹의 구성원, 그룹 진행의 기술과 이해 정도 같은 많은 요소에 달려 있다. 이는 문화에 따라 다르며, 평가하거나 정량화하기 쉽지 않다. 그럼에도 많은 지도자와 수업/그룹을 지켜본 결과, 수업의 우수성을 평가하고 MBSR과 기타 마음챙김에 근거한 과정을 가르치는 데 있어 높은 기준을 유지하는 데에는 꼭 필요한 여섯 가지의 핵심 역량이 있다.

개인적인 마음챙김 수련은 필수적이며 각 역량의 기초가 된다. 다음에 나열된 역량은 그룹 프로그램에 적용되는 것이지만 개별적으로 할 때에도 적용할 수 있다.

핵심 역량

1. 수업 자료의 범위, 수업 속도 및 구성
2. 관계의 기술
3. 마음챙김의 구현
4. 마음챙김 수련에 대한 안내
5. 대화형 수업을 통한 교육과정의 주제 전달
6. 그룹 수업의 환경 유지

「마음챙김에 근거한 수업에서의 역량: 개념, 개발, 평가」
(Crane, KuyKen, Williams, Hastings, Cooper, & Fennell, 2012)

제4장

수업의 기본 설정

프로그램 주제

수업의 순서와 주제에 대해 자세히 읽을수록 MBSR은 행위가 아닌 존재에 관한 것임을 기억하라. 우리는 무언가 바로잡으려고 노력하거나, 다른 사람의 기대에 부응하거나, 우리가 되어야 하는 모습에 대해 잘못된 기대를 품을 수 있다. 나는 MBSR을 가르치는 사람들에게 슈퍼비전이나 코칭을 해 줄 때 항상 이렇게 묻는다. "MBSR이 당신 안에 어떻게 살아 있습니까? 무엇을 발견하고 있습니까? 당신이 배움을 향상할 수 있는 지점은 어디입니까?"

기억하기: 우리는 이미 완벽하다. 우리는 이 프로그램으로 전체성에 다시 연결될 수 있다.

기억하기: 우리에게는 공통된 인간성이 있다. 지도자와 참가자 사이에는 '다른 사람'이라는 구분이 없으며, 단지 서로 다른 역할이 있을 뿐이다.

기억하기: 친절과 연민을 기억하라. 실수를 해도 괜찮다. S.T.O.P.를 하면서 우리에게는 회복하고 나아갈 수 있는 기회가 있다.

기억하기: 진실하라. 내면의 목소리에 귀를 기울이고 신뢰하라. 각 수업에는 별도의 주제가 있고, 그 주제를 기초로 다른 수업이 이어지면서 프로그램 전체에 일관성이 흐른다는 것을 기억하라. 우리의 몸과 마음의 작용과 행동의 결과를 더 많이 성찰하는 것이 목표이다. 판단하기보다는 있는 그대로 직접 경험하고 인정하는 수련을 함으로써 우리가 어떤 필터를 통해 세상을 보고 있는지 알게

되고, 우리에게 도움이 될 수도 아닐 수도 있는 우리의 자동 반응을 보기 시작한다.

기억하기: 길러야 할 태도에는 초심 유지하기, 내려놓기, 내버려 두기, 지나치게 애쓰지 않기, 신뢰하기, 수용하기, 판단하지 않기, 친절하기가 있다.

기억하기: MBSR은 해방에 관한 것이다.

멈추기(Stop)
호흡하기(Take a breath)
마음 열기, 관찰하기(Open, Observe)
계속하기(Proceed)

지금 당신은 어디에 주의를 두고 있는가?

몸에서 무엇을 경험하고 있는가?
어떤 생각을 하고 있는가?
감정은 어떠한가? 기분은? 유쾌한가, 불쾌한가, 중립적인가?
이 순간을 경험한다. 그리고 다음 순간 …… 어떤 변화가 일어나는지 알아차린다.

MBSR 형식은 오랫동안 거의 변하지 않았다. 9회기 수업(온종일 수업 포함)의 주제는 서로 영향을 주며 일정하게 유지되어 왔는데, 신경과학 분야의 발달로 밝혀진 내용이 추가되었다. 각 수업은 마음챙김을 중심으로 진행되며, 공식적 · 비공식적 수련으로 마음챙김이 일상생활로 스며들게 한다.

판단하지 않고 배우려는 의도로 몸과 마음, 느낌에 대한 인식의 영역에서 일어나는 모든 것에 판단 없이 주의를 기울이는 수련은 '놓아두기'를 받아들이는 것과 마찬가지로 내내 기본이 된다. 수련은 부드럽고 민감하게 하되 훈련이 필요하다. 여기에는 연민과 인간이기에 취약하고 실수할 수 있다는 것을 기꺼이 인정하려는 의지가 내재되어 있다. 우리는 알아차림으로 싫어하는 것에 저항하지 않고 함께 있을 수 있다.

MBSR 수업 주제

오리엔테이션–프로그램 소개와 참여 가능성 심사

1회기: 그룹 지침, 안전, 지원 및 그룹 만들기 등 수업 기본 설정
건포도 명상과 바디스캔으로 마음챙김을 경험하고 소개
간단한 호흡명상과 몇 가지 서서하는 요가 자세 소개

2회기: 지각 및 지각이 대응에 미치는 영향

3회기: 매 순간 몸과 마음이 현재에 머무는 것을 강조–요가와 명상 수련

4회기: 스트레스 조사 및 스트레스와 불편함을 지속시키는 것에 대한 습관적 · 자동 반응 조사

5회기: 건강이나 질병에 대한 정서적 반응의 영향 및 대처

6회기: 의사소통

7회기: 마음챙김 수련을 일상생활에 통합

8회기: 수련을 유지하기 위한 복습 및 지속적인 지원 탐구

1회기: 첫 5분

다음은 내가 마음챙김 센터에서 진행한 MBSR 1회기의 첫 5분간의 내용이다. 나는 사람들을 환영하고, 신뢰감과 안정감을 조성하고, 수업 과정의 주제에 맞게 시작하려는 의도를 가졌다. 표현과 요점에 주목하며 다음의 내용을 읽어 보라.

"여러분을 환영합니다. 만나서 정말 반갑습니다. …… 저는 여러분이 이 수업을 모험으로 여길 수 있기를 바랍니다. …… 그리고 이 과정에는 신나는 일과 심지어 경이로운 일도 있습니다. …… 무엇을 알아야 하는지를 알기 위해서 지금 이 순간에 있는 것을 경험하고, 알고 있는 감각이 아닌 이 순간 그대로의 감각으로 관찰하는 법을 배우기 바랍니다. 자신의 삶이 너무나 완벽해서 여기에 오신 분이 있을까요? (사람들이 웃는다) 저도 아닙니다. …… 사실 나이가 들면서 몸이나 마음이나 회복에서 새로운 것들이 나타납니다. 항상 새로운 것입니다. 그렇다면 여기 있는 것을 우리는 어떻게 만나고, 판단하지 않는 방식으로 주의를 기울이면 무엇을 배울 수 있겠습니까?"

나는 말을 계속하다가 목이 쉬었고, 누군가 나에게 목캔디를 주었다.

"정말 감사합니다. 어느 분이 저에게 목캔디를 주셨습니다. 정말 좋습니다. 매우 감사합니다. 여기서 배울 것은 우리 모두가 어떻게 연결되어 있는지, 얼마나 상호 의존적인지에 관한 것 같습니다. 우리의 상태는 우리가 수업을 보는 방식에 영향을 미칩니다. 이 커다란 인생이라는 배에 우리는 모두 같이 타고 있습니다. 우리 모두는 발견의 동반자입니다. …… 우리는 지금 우리의 삶을 어떻게 살고 있습니까? 삶은 우리에게 무엇을 가르쳐 줄 수 있습니까? 여기에서 일어나는 일은 여러분에게 달려 있습니다."

목캔디를 받았다고 인정하는 것은 선택 사항이다. 그저 고맙다는 인사만 하고 수업에 대한 소개를 이어갈 수도 있었지만, 이렇게 하는 것이 교실에서 자발적이고 직접적으로 일어난 친절과 상호 연결을 보여 줄 수 있는 완벽한 방법 같았다.

말하는 도중에 늦게 도착한 사람들이 들어오면 그들을 환영하기 위해 잠시 멈춘다. 나는 사람들에게 서로 쳐다보고 인사를 하라고 한 후 말을 계속한다.

"…… 여기에서 무슨 일이 일어날지는 대부분 여러분에게 달려 있습니다. 실제로 수업에 참석하고, 일어나는 모든 일에 주의를 기울이고, 그것으로부터 배우는 것이 여러분이 할 일입니다. 친절하고 관대한 태도와 연민의 마음으로 정말 최선을 다해서 말입니다. 저는 이 수업이 안전하고 보호받을 수 있는 격려의 장이고, 서로 지지할 수 있는 시간이 될 것이라고 생각합니다."

이 내용을 읽을 때 자신에게 와닿는 것이 무엇인지, 또 그것의 의도는 무엇인지 주목한다. 눈에 띄는 부분에 동그라미를 하며 그 의도를 검토할 수 있다.

예를 들어 보면 다음과 같다.

훌륭한 점

- 프로그램에 참여하기로 한 사람들에게 감사를 표하고 긍정적이며 이떤 일을 했을 때 인정하는 분위기를 조성한다.
- 편안한 분위기로 마음챙김을 삶에 도입할 수 있도록 격려와 지지를 한다.

수업은 모험이다

- 자기 발견을 위한 씨앗을 심고 미지의 세계로 들어가는 것이다.

돌아가며 소개하기

수업이 진행되면서 신뢰가 생긴다. 사람들은 서로 사생활을 존중하고 사적인 것은 알려고 하지 않겠다고 약속한다. 그런 다음 우리는 돌아가며 자신을 소개하고 여기에 온 이유를 말한다. 원한다면 이름만 말하거나 소개를 하지 않아도 된다. 이 시간에는 사람들이 말하는 것에 따라 핵심 개념을 소개하거나 수업에 대한 오해를 명확히 한다. 이때 서로 비슷한 스트레스를 경험한다는 것을 알고 다른 사람들과 연결되는 시간이 되기도 한다.

많은 사람이 자신의 문제가 그룹 내 다른 사람의 문제와 얼마나 유사한지 깨닫는다. 그래서 고립감과 분리감이 감소되고, 더 나아가 유대감이 형성되고, 집단의 결속력이 강화된다. 예를 들어, 첫 수업에서 한 여성이 다음에 무엇을 해야 할지 생각하지 않고 아이들과 더 많은 시간을 보내고 싶은 것이 목표라고 말했다. 지도자는 그 여성에게 자신의 목표를 말해 줘서 감사하다고 했고, 잠시 말을 멈추고는 방을 둘러보며 이 여성의 말에 공감하는 사람이 있는지 물었다. 많은 사람이 손을 들었고, 현재에 존재한다는 것이 무엇을 의미하는지에 관한 토론으로 연결되었다.

생각을 버리거나 "생각의 열차에서 내리고 싶다."고 말하는 사람이 많았다. 이때 지도자는 원하지 않는 생각을 어떻게 다루어야 할지를 명확히 할 수 있는 기회를 가질 수 있다(생각을 판단하지 않고 받아들이며 주의를 현재로 되돌린다).

지침

- 고치려고 하지 않는다.
- 자기돌봄-자신의 몸이 필요로 하는 것에 귀를 기울인다.
- 집에서 헌신적으로 수련하되, 이완하려고 지나치게 노력하지 않는다.
- 기꺼이 변화하고, 변하지 않는 것은 없다는 것을 받아들인다.
- 자신이 무엇에 저항감이 있는지 조사하고 인정한다.
- 수업에 참석한다.
- 자기책임-집에서 수련하는 것은 중요한 일로, 당신에게 달려 있다. 질문이 있거나 수업에 참석하지 못하는 경우에는 지도자에게 미리 알려야 한다.

1회기의 핵심 요소

당신이 지도자나 촉진자라면, 어떻게 수업을 시작할 것인가? 1회기 수업의 핵심 요소는 무엇이라고 생각하는가?

공식적인 MBSR 수업에 참가한다면 당신은 무엇을 기대하는가? 수업을 받겠는가?

당신을 격려하며 프로그램에 적극적으로 참여하게 하는 요소는 무엇인가?

진정성이란 무엇인가?

자기 개방은 어떤 역할을 하는가?

경험으로 마음챙김 소개하기

마음챙김을 소개할 때, 나는 최대한 단순하고 명확하게 설명하기 위해 최선을 다한다. 마음챙김을 소개받을 때 초대받는 기분이고, 호기심과 심지어 경이로움까지 생기길 바란다. 그래서 강의보다는 현재 순간을 직접 관찰하고 느낄 수 있는 경험을 하게 한다. 이를 위해 건포도처럼 익숙하면서도 모든 감각으로 살펴볼 수 있는 것을 사용한다. 이렇게 '일상적인 것'을 새롭게 알게 되고, 조사를 더 하게 되는 계기를 마련한다.

목표

- 명확하고 단순하게 말한다.
- 호기심과 경이로움을 불러일으킨다.
- 직접 경험을 통해 마음챙김을 경험적으로 소개한다.
- 초심을 유지한다.
- 익숙한 사물을 탐구하여 다양한 질문을 하면서 추정했던 것을 발견한다.
- 호기심을 갖고 새로운 정보를 받아들인다.
- 수업에 참여하는 개인이나 집단과 연결감을 가지고 관계를 형성한다.
- 공동체의식과 안전 의식을 확립한다.

건포도

우리는 삶이 익숙하기 때문에 때때로 그 경이로움에 감사하지 못한다. 그 예로 호흡을 들 수 있다. 우리는 종종 병에 걸려 호흡에 문제가 생기거나 무리해서 숨이 가빠지기 전까지는, 숨 쉬는 것을 당연하게 여긴다. 물건이나 자연, 심지어 사랑하는 사람들에 대해서도 마찬가지이다. 우리가 평범한 것에도 주의를 기울이고, 기대와 판단 없이 모든 감각을 동원하여 조사한다면 평범한 것도 정말 특별해질 것이다.

MBSR 수업 중 평범함 속에서 경이로움을 찾는 방법을 설명하기 위해 건포도를 사용한다. 건포도를 이용한 연습은 마음챙김을 잘 소개할 수 있다. 사람들은 건포도를 받고 전에는 한 번도 본 적이 없는 새로운 것이라고 상상한다. 그들에게 새로운 영토를 발견한 탐험가처럼, 다른 행성에 방금 착륙해서 그들이 알지 못하는 물체를 보고 있는 것처럼 상상하라고 말한다. 연습은 침묵 속에서 이루어지며, 귀에 대고 소리를 들어보는 것을 포함해 모든 감각을 활용하도록 한다. 이 과정을 마친 후에 지도자는 사람들에게 감각적으로 무엇을 관찰했는지 묻는다.

건포도를 이용한 이 작업은 두 번 진행된다. 첫 번째는 안내를 들으면서 매우 천천히, 두 번째는 안내 없이 참가자가 자신의 속도에 맞게 진행한다. 관찰에 대한 이야기는 둘씩 짝을 지어 나누거나, 전체 그룹 또는 둘 다로 이루어진다. 사람들은 천천히 씹을 때 알게 되는 맛에 자주 놀라며, 평소에 얼마나 빨리 먹는지 그리고 자신의 습관 때문에 음식을 완전히 경험하지 못한다는 것을 깨닫게 된다. 나는 항상 건포도 명상을 원하지 않는 사람은 하지 않아도 된다고 허락하지만, 참여하지 않은 사람에게도 어떤 경험을 했는지 묻는다.

목표

1. 모든 감각을 이용하여 마음챙김의 사용을 구체화하기
2. 새로운 관점을 통해 익숙한 것을 관찰하면서 개방성, 호기심, 관심 개발하기
3. 기대나 판단 없이 직접 경험하면서 수련하기
4. 감각 알아차림 수련하기: 익숙한 것을 대할 때 시각, 후각, 미각, 감각, 청각 모두로 탐색하되 새롭게 관찰한다
5. 추정, 기대, 사전 조건화에 대한 알아차림 개발하기
6. 새로운 행동 패턴 개발을 위한 단계 설정하기
7. 주의 기울이기와 의도 알아차림 개발하기

건포도를 이용한 알아차림 연습은 마음챙김 먹기로 확장될 수 있으며, 식사 시 반복 과제로 주어질 수 있다.

건포도 명상 안내

이 익숙한 물체를 손으로 든다.

- 어떤 느낌인가?
- 무엇을 보고 있는가?
- 소리가 나는가?
- 냄새는 어떤가?

안내에 따라 하나를 선택하고, 입에 넣어 혀에서 느껴지는 것을 경험한다. 어디에 놓았는지 알아차린다. 기분이 어떤지 살펴본다. 입 안에서 알 수 있는 모든 변화를 알아본다.

잠시 멈춘다–한 번 씹는다–어떤 일이 일어나는지 경험한다.

반복한다–씹는 동작 사이에 호흡을 하고, 더 이상 입에 아무것도 남지 않을 때까지 씹으면서 변하는 것을 경험한다.

멈춘다.

다시 한 번 '평소' 먹는 대로 먹는다–두 번째 건포도를 선택하여 입에 넣고 먹는 연습을 반복한다.

무엇을 알 수 있는가?

MBSR은 설명이 아닌 경험으로 알 수 있다. 경험을 할 수 있는가는 모든 감각을 이용하여 매 순간 일상에서 마음과 몸을 잠깐 멈추고 관찰하려는 의지에 달려 있다.

건포도 명상

건포도 또는 오감으로 살펴볼 수 있는 익숙한 것을 선택한다. 명상 안내문을 읽고 혼자 해 본 후 친구나 동료와 함께한다. 이 명상을 하면 무엇을 알아차리는가?
씹는 사이에 잠시 멈추는 것은 매우 중요하다. 나는 사람들에게 숨을 한두 번 쉬고 또 한 번 씹기를 기다리면서 입 안에서 어떤 변화가 일어나는지 경험하도록 안내한다.
건포도를 삼킨 후, 더 이상 입 안에 아무것도 남지 않았을 때 다시 잠시 멈춘다.
이런 방식으로 먹는 것이 어떤 영향을 미치는지 궁금한가? 안내 없이 하면 어떻게 되겠는가? 무엇을 배웠는가?

과제: 마음챙김 먹기

대부분의 신체적 질병은 부적절한 식습관에서 비롯된다. 이번 주에는 섭취하는 음식의 양과 질에 주의를 기울이고, 이때 먹는 것이 자신에게 어떤 영향을 주는지 주의를 기울여 보자. 자신의 몸에 영양을 공급하고, 이 영양의 균형이 잘 조절될 수 있도록 먹고 있는가? 미각에 대한 욕망을 충족시키고, 더 충만하고, 더 완전하고, 더 안정감을 느끼기 위해 먹고 있는가? 당신이 먹는 음식이 어디에서 오는지 알고 있는가? 그중 많은 것이 공장에서 나오는가? 그 음식들은 가공식품인가? 그렇다면 얼마나 가공된 것인가? 가공 과정에서 제거된 것과 추가된 것은 무엇인가? 식품에 함유된 화학물질은 해롭지 않은 것인가? 이러한 수준에서 주의를 기울이고 있는가?

평소보다 조금 천천히, 더 많이 알아차리면서 먹는다. 단지 먹는 것 자체를 경험하기 위해 일주일에 한 끼를 가족과 함께 의도적으로 침묵 속에서 먹는 것을 시도해 볼 수도 있다. 그 외에도 식사 중에 책을 읽거나 TV를 보지 않는 것을 고려해 볼 수도 있다. 이렇게 하면 자신이 어떻게 먹는지 더 잘 알 수 있다. 다른 사람들과 함께 먹는 것에 대한 알아차림을 키울 필요도 있다.

이 일을 당신의 일상과 수련에 어떻게 적용할 것인가? 구체적으로 장애물과 그것들을 어떻게 다룰지 생각해 본다. 의뢰인에게 가르치거나 동료들과 함께 수련하는 모습을 시각화한다.

S.T.O.P.

멈추기(Stop)
호흡하기(Take a breath)
마음 열기, 관찰하기(Open, Observe)
계속하기(Proceed)

바디스캔: 그라운딩 수련(grounding practice)

몸을 자각하는 것은 알아차림을 하는 데 강력한 훈련이 된다. 우리의 기반인 몸이 없다면 생각이나 호흡, 감각을 느끼는 것이 불가능하여 삶을 경험할 수 없다. 자신의 몸을 혐오하는 경우가 있는데, 정신적 고통이 있거나 육체적 불편함을 겪을 때 더 그럴 수 있다. 혐오감이 느껴질 때, 감각을 관찰하며 함께하려는 의도를 갖고 몸에 머물수록 존재하는 것이 무엇이든 대처하기가 쉬워지고, 그 감각에 저항할수록 대처하기가 어려워지는 것은 참으로 역설적이다.

통제할 수 없는 것에 저항하지 말고 그저 관찰하고 허용한다면 우리는 자신과 함께할 수 있다. 연민과 보살핌의 마음으로 어떤 일이 일어나는지 더 많이 관찰할수록 힘든 상황에서도 안전함을 느껴서 쉽게 긴장을 풀 수 있다. 이런 이유로 참가자들은 바디스캔을 배우게 된다. 교육과정의 첫 두 주의 수업을 위해서는 집에서 매일 바디스캔을 하고, 세 번째 주에는 요가와 교대로 하게 된다. 사람들은 음원 CD를 받거나 집에서 들을 수 있는 바디스캔 안내문을 다운로드할 수 있다. 기존의 바디스캔은 45분이지만, 교육받는 사람들에 따라 단축 및 조정이 가능하다. 예를 들어, 외상 후 스트레스 장애를 경험하고 있거나 성적 학대나 정신적 피해자라면 바디스캔을 몸 전체가 아닌 손이나 발만 하고, 눈을 뜨고 수련을 할 수 있다.

바디스캔

바디스캔을 하려면 팔을 몸의 양옆으로 나란히 하고 눕거나 편안한 의자 또는 안락의자에 앉는 것이 가장 좋다. 다른 명상을 할 때와 마찬가지로, 긴장을 풀 수 있는 조용하고 안전한 환경이 중요하다. 바디스캔을 할 때 추위를 느낀다면 담요를 가까이 두는 것이 좋다. 방해받지 않도록 한다. 혼자서 자신과 함께할 시간을 내는 것이 중요하다. 지금은 스스로를 양육하고 보살필 시간이다.

먼저 호흡을 알아차린다. 몸에서 호흡을 가장 관찰하기 쉬운 부위에 주의를 둔다. 배에 손을 얹고 배가 공기로 가득 찬 풍선이라고 생각하면서 숨을 마실 때 올라가고 내쉴 때 내려가는 것을 상상한다. 단지 알아차리기만 한다. 어떤 식으로든 호흡을 바꾸려고 하지 말고 호흡의 움직임을 알아차린다. 호흡이 느린지, 빠른지, 고른지, 불규칙한지 관찰한다. 무슨 일이 일어나고 있는지 판단하지 말고 그냥 관찰만 할 것을 기억한다.

편안하게 느껴지면 눈을 감고 마음속으로 발부터 시작하여 머리 위로 훑어간다. 지금처럼 몸 전체를 경험하고, 민감하게 느껴지는 부위가 있는지 알아차린다. 이때 저항감이 느껴지면 이러한 감정에 수반되는 생각을 적어 본다. 그 감각을 묘사할 수 있는가? 얼마나 오래 지속되는가? 불편함의 정도는 어떠한가?

쉽게 느낄 수 있는 신체 부위와 거의 아무것도 느껴지지 않는 신체 부위가 있는가? 어떤 감각이 사라지기를 바란 적이 있는가? 이런 감각들을 의식하고, 그 감각들이 무엇이든지 간에 경험하는 것에 마음을 열도록 최선을 다한다. 이렇게 하면 더 오래 머물고 싶을 때뿐만 아니라 밀어내거나 바꾸고 싶을 때에도 알아차릴 수 있다. 주의가 흩어지면 부드러우면서도 단호하게 다시 몸으로 가져온다.

원한다면 숨이 들어가서 팔다리로 내려가는 모습을 상상할 수 있다. 왼쪽에서 시작하여 몸을 타고 내려가 왼쪽 발을 알아차린다. 시간이 부족하면 두 발을 함께할 수 있다. 하지만 이 과정을 서둘러서 진행하지 않도록 한다. 신체 부위에 더 세심하게 주의를 기울일수록 주의는 더 정확해질 것이다. 천천히 발가락을 시작으로 발꿈치, 발바닥, 발아치, 발등으로 연결한다. 충분히 관찰했다고 느껴지면 발을 온전히 알아차릴 수 있고, 알아차림을 발목으로 가져가 따뜻함, 시원함, 무거움, 가벼움, 얼얼함, 통증, 날카로움, 둔탁함, 맥박이 뛰는 느낌 등 현존하는 감각을 알아차린다. 가렵다, 욱신거린다, 부드럽다, 거칠다, 긴장된다, 이완된다, 뻣뻣하다, 유연하다, 떨린다, 따끔거린다 등 때로는 이렇게 말로 표현하지 못할 수도 있다. 그런 감각이 얼마나 지속되는지, 당신이 감각을 어떤 태도로 대하는지, 호기심을 가지고 부드럽게 감각을 대할 수 있는지 알아본다.

어떤 감각도 느껴지지 않는다면 느껴지지 않음을 알아차린다. 몸의 어느 부위에서 분명한 감각이 느껴진다면 그곳으로 주의를 옮겨 갔다가 준비가 되면 다시 제자리로 돌아가서 지금 이 순간에 나타나는 감각에 주의를 기울인다. 호흡을 부드럽게 하고, 친절과 연민을 잊지 않도록 한다.

발부터 머리까지 하되, 왼쪽부터 시작하여 몸 전체에 걸쳐 이 과정을 반복한다. 호흡을 사용하여 강하게 감각이 느껴지는 부위로 숨을 불어넣을 수 있다는 것을 기억한다. 만약 성적 트라우마가 있다면 생식기 부분은 건너뛰고, 다리에서 궁둥이와 엉덩이로 그리고 골반의 앞뒤 좌우 몸의 중심부까지 옮겨 가며 감각을 관찰한다. 다음엔 몸 뒤 척추의 아래쪽으로 주의를 이동한다. 척추뼈를 따라 올라가며 등 아래, 중간, 위, 어깨, 팔, 팔꿈치, 손목, 손으로 주의를 옮기며 감각을 알아차린다. 준비가 되면 천천히 몸의 앞부분으로 주의를 옮긴다. 복부, 갈비뼈, 몸의 내부 공간 그리고 중요 장기를 느끼고 나서 목구멍과 목을 느낀다. 턱에서 시작해서 얼굴 위쪽으로 옮겨 가서 입, 귀, 코, 눈, 눈썹, 눈썹 사이를 지나 이마, 두피로 주의를 옮긴다.

지금 이 순간의 감각에 머문다. 날숨에 긴장이 풀리면서 걱정이 없어지고, 들숨에 활력이 생기고 새로워지는 것을 느낄 수 있는 것이다.

원한다면 바디스캔이 끝났을 때, 정수리 부분이 열리고 에너지가 들어와 온몸으로 이동한다고 상상할 수 있다. 호흡과 함께 주의와 보살핌이 필요한 부위에 머문다. 이 과정을 반대 방향으로 할 수도 있다. 에너지가 발바닥을 통해 들어와 몸 전체를 거쳐 정수리로 빠져나와 퍼진다고 상상한다. 원하는 시간만큼 몸을 드나드는 호흡과 에너지의 순환을 계속 따라갈 수 있고, 준비가 되면 눈을 뜨고 발가락을 꼼지락거리며 천천히 몸을 움직이면서 조심스럽게 몸을 바로 세운다.

바디스캔을 할 때마다 당신은 자신의 건강에 적극적으로 참여하는 것이다. 이 사실을 알고 바디스캔을 원하는 만큼 얼마든지 하라.

경험 나누기: 당신은 어떤 경험을 했습니까

이 문장은 통찰력을 기르고 다양한 대응을 이끌어 낼 목적으로 고안된 개방형 질문이다. 이 질문으로 구체적인 감각, 생각, 감정이 어디에서 얼마만큼 생기는지 묘사하도록 참가자들을 독려한다. 알아차리되 수용하고 판단하지 말라는 안내는 좋아하고 싫어하는 것에 대한 이야기, 유쾌하고 불쾌한 것에 대한 이야기, 반응에 대한 매우 풍부한 이야기로 이어진다. 어떻게 하면 좀 더 침착하게 관찰하고 평온하게 호흡하며 부드러워질 수 있을까? '내버려 두기'는 마음챙김 훈련과 수련을 위한 토대가 되며, 또한 우리가 얼마나 주의를 기울이지 않고 판단적인지를 강조한다. 불편함은 몸과 마음 모두에서 경험된다. 통증과 반응, 연관 또는 생각 그리고 이것이 불러일으키는 감정에 대해 말할 때가 있다. 이야기 도중에 몸에 통증이 없는 부분이 얼마나 많은지 발견하는 것도 중요한 깨달음이다. 가끔 바디스캔 도중에 잠이 드는 일은 정상적이기는 하지만 잠드는 것이 아닌 '깨어서' 수련하는 방법에 초점을 맞추어야 한다. 바디스캔 도중에 주의가 흩어지는 것은 일반적이다. 이때 현재에 머물지 않았다고 자신을 비난하기보다는 몸으로 다시 돌아갈 수 있음에 중점을 둔다. 연민의 마음으로 몸을 있는 그대로 내버려 두고 인정하고 허용하는 것은 도전이자 중요한 수련이다. 또한 여기에는 몸과 마음 상태의 변화를 알아차리는 무상에 대한 인식도 있다.

조언

1. 안내문은 명령을 내리는 지시문이 아니라 초대장이다.
2. 명령어를 사용하지 않는다. (명령어보다는 알아차립니다, 경험합니다, 느낍니다, 지켜봅니다, 내버려 둡니다, 놓아줍니다, 녹입니다 등을 사용한다)
3. 배려한다. –"원한다면 …… 할 수도 있습니다."
4. 격려하고 친절하게 대한다.
5. 필요한 내용을 들으며 수련할 수 있도록 자세한 설명을 제공한다.
6. 기억할 것: 바디스캔은 이완이 아닌 알아차림에 관한 것이다.

수용은 편안함과 평화로 이어진다.

바디스캔을 안내할 때

1. 대본보다는 자신의 몸을 알아차리며 바디스캔을 한다. 큰 소리로 연습하거나 녹음해서 편안하고 자연스럽게 되도록 한다.
2. 불편함이나 통증이 느껴질 때 자세를 바꿀 수도 있지만, 바꾸기 전에 적어도 호흡을 몇 번 더 하면서 그 감각이 어떤 것인지 그리고 사라지는지 관찰하면서 잠시 머문다.
3. 자신의 목소리, 속도, 리듬, 음색을 알아차리면서 안내한다.
4. 필요하다면 눈을 뜨는 것을 허용한다(예를 들어, 압도적인 생각이나 감정을 경험하거나 졸음과 싸우는 경우).
5. 목소리와 단어 선택에서 친절과 연민을 기억한다(다정하게, 친절하게, 부드럽게 등).
6. 항상 참가자와 연결되어 그들의 대응을 관찰하고, 그에 따라 필요한 것을 조정하며 시작한다.

바디스캔 후 공통 질문 및 경험

1. 시간을 못 내겠다(또는 바디스캔을 할 시간을 못낼 것 같다).
2. 잠이 들었다.
3. 통증을 느꼈다.
4. 다리가 불안하고, 흔들리고, 춥고, 떨리고, 열이 나는 것과 같은 '이상하고' 불편한 신체 감각을 느꼈다.
5. 안절부절못했다.
6. 감정이 올라왔다. 나는 이것이 싫다. 난 이것이 너무 좋다. 지루하다.
7. 마음이 다른 곳으로 많이 간다.
8. 내 몸을 떠났다.
9. 색깔을 보았다.

10. 아름다운 곳에 갔다.
11. 해야 할 일을 모두 생각했다.
12. 생각을 멈출 수가 없었다.
13. 불안해졌다.

탐구적 질문: 경이로운 예술

바디스캔은 몸과 더 친밀해질 뿐만 아니라 마음/몸의 연관성에 대해서도 더 많이 발견할 수 있는 기회이다.

다음은 더 깊은 이해를 위한 탐구적 질문을 할 때 기억해 둘 일반적인 규칙이다.

- 호기심을 가진다.
- 궁금해 한다.
- 답을 찾으려고 서두르지 않는다.
- 편견 없이 알아차리며 관찰한다.
- 고치려고 하지 않는다.
- 질문하기: 무슨 일이 일어났는가? 설명해 줄 수 있겠는가? 그것은 얼마나 오래 지속되었는가? 이런 일이 전에도 일어난 적이 있었는가? 익숙한 것인가? 다음에 어떤 일이 일어났는가? 지금은 무엇을 경험하고 있는가?
- 우리가 몸에 존재하고, 몸이 우리에게 무슨 말을 건네는지 아는 것이 바디스캔의 목적임을 기억한다.
- 수용과 비판단적인 태도를 기억한다.
- 연민을 기억한다.
- 모든 것을 통증이 있다는 말로 일반화하지 말고 어디가 어떻게 아픈지 구체적인 감각으로 묘사할 것을 기억한다.

잠에 관하여

바디스캔을 하는 동안에 깨어 있지 않고 잠이 드는 데에는 여러 가지 이유가 있다. 잠이 들었다고 말하면 나는 항상 언제 잠이 들었는지를 아는지 묻는다. 잠들기 전에 마지막으로 들은 것은 무엇인가? 언제 잠에서 깼는가? 주의력과 각성을 강화하고 다음번에는 바디스캔을 언제 어디서 수련할 것인지, 얼마나 오랫동안 깨어 있을 수 있는지에 호기심을 가지라고 격려한다.

또한 졸음을 느낄 때 눈을 크게 뜨거나 움직이라고 제안할 수도 있다. 언제 어디에서 바디스캔을 하는지 물어본다. 만약 잠자리에 들기 전에 침대에서 이불을 덮고 한다면, 그것은 휴식 및 잠과 짝을 지어 일어나서 잠이 들 것이다. 그것은 조건화되어 있다. 더 나은 장소와 시간을 찾아보라고 한다. 피로 수준을 평가하는 것은 중요하다. 아마도 수면이 필요할 수도 있다. 감정적이든, 육체적이든 고통이 많다면 잠이 드는 것이 다행일 수 있다.

때때로 나는 바디스캔 중 습관이 될 정도로 얼마나 잠에 빠졌는지 그리고 어느 날 내가 잠자는 것을 좋아한다는 것을 알게 되었다고 나의 경험담을 말한다. 나는 잠들기를 기대하고 바디스캔을 했던 것이었다. 깨어 있겠다는 다짐을 다시 하고 깨어 있기 위해 정말로 노력했을 때, 나는 나의 경험을 깨달았고, 실제로 내 몸을 통해 어떤 일이 일어나는지 발견하는 것이 흥미로웠다.

두려움과 불안

바디스캔 도중에는 불안뿐 아니라 두려움도 느낄 수 있다. 당신은 이 감정이 정상적이고 보편적인 인간의 조건이라고 말하고, 집단 내에서 누가 이런 경험을 했는지 질문을 함으로써 도움을 줄 수 있다. (이런 경험을 혼자만 하는 경우는 거의 없다.) 또 바디스캔을 하며 어려움을 겪었던 사람들에게 경험을 말하도록 격려하며 이런 반응이 정상이라고 알려 준다. 취약성에 이름을 붙이면 수치심이나 판단을 떠나 정직하게 말할 수 있는 집단의 규범을 확립할 수 있다. 또한 연결감과 지지감이 향상된다. 과거(지난 불안 공격)나 미래(다른 공격)에 대한 걱정보다는 현재 순간에 주의를 집중하는 것이 중요하다고 강조한다.

새로운 순간이 찾아올 때마다 새로운 변화의 가능성이 생겨나고, 무엇이 고통을 유발하는지에 대한 인식이 높아진다. 참가자나 스스로가 불안에 대해 인정한 것을 축하하고, 우리는 이제 막 시작이라고 하며, 지속적으로 수련을 격려하는 것이 좋다. 이 시간은 조건화가 가진 힘을 소개하기에 좋고, 질문을 통해 참가자가 자동적 사고 패턴과 유발 요인을 파악하는 데 도움을 줄 수 있다. 무슨 생각을 했는가? 몸에서 어떤 느낌이 들었는가? 그것은 얼마나 오래 지속되었는가? 현재로 돌아오는 데 무엇이 도움이 되었는가? 이때 자신을 연민과 친절로 대할 수 있었는가?

바디스캔 도중에 눈을 뜨거나, 소리를 듣거나, 자세를 바꾸어서 다시 바디스캔을 계속해도 된다. 만약 바디스캔을 하는 것이 우려되는 사람이 있을 때에는 수업 후 개별 면담을 하여 정보를 얻고, 필요한 경우에는 그들을 치료사에게 보내는 것이 도움이 된다. 만약 허락된다면 진행자는 치료사와 이야기하여 그들의 삶에서 이 시기에 바디스캔 수련을 견딜 수 있는지를 결정할 수 있다.

사람들이 바디스캔을 한 후에 어떤 일이 일어나는지 알아차리고, 계속 수련하는 것을 축하해 준다. 인내심을 북돋우며 8주 동안에 모든 수련을 경험하게 한다. 참가자들에게 당신이 필요하거나 질문이 있으면 언제든지 알려달라고 한다.

트라우마나 PTSD에 바디스캔 적용하기

바디스캔 도중에 과거의 트라우마가 떠오르는 사람에게는 눈을 뜨고, 몸을 움직이고, 소리를 듣고, 일어나 앉으라고 말한다. 나중에 개인적으로 대화하여 바디스캔과 같은 수련이 적합한지 확인한 후 다시 수련할지를 결정한다.
만약 트라우마를 겪는다면 바디스캔을 간략하게 하거나 손이나 팔, 발 등 중립적인 부분에만 한다.
그라운딩이 필요하다면 눈을 뜨거나, 움직이거나, 멈추는 것을 허용한다. 이때 발이나 다른 부분이 바닥에 닿거나 몸이 매트나 의자에 닿는 것을 자각하는 그라운딩 방법에 대해 이야기한다.

통증: 많은 통증 환자가 MBSR을 배우러 온다. 그들은 통증을 해결하기 위해 다른 시도를 많이 했지만 결국 실패한 후에 찾아온다. 사람들은 통증을 완화할 수 있는 태도로 변하기보다는 통증이 사라지는 것을 원한다. 바디스캔을 하면서 통증에 주의를 기울일 수 있지만, 한편으로는 통증이 없는 다른 부분을 느낄 수도 있다. 경험했던 모든 감각을 '통증'이라는 한 단어로 말하며 통증과 관련된 모든 부분을 일반화하는 것보다는 수련으로 감각의 특성을 알고, 그것이 어떻게 변하는지 경험하는 것 또한 유용하다.

내 남동생은 신경과학자로 수년간 통증 클리닉에서 일했다. 그는 환자들에게 뮤지컬 〈마이 페어 레이디(My Fair Lady)〉의 '더 레인 인 스페인(The Rain in Spain)'의 리듬에 맞춰 다음의 구절을 부르도록 했다.

"통증을 일으키는 스트레스는 대부분 뇌 안에 있다네."

통증을 대하는 태도와 생각은 통증에 대처하는 능력에 영향을 미친다.

이 노래의 후렴구는 다음과 같다.

"나는 그것을 알 것 같아요. 나는 그것을 알 것 같아요."

문제는 '그것'은 무엇이고, '우리는 무엇을 알았는가'이다. 무슨 생각이 들었는가? 어떤 느낌이 들었는가? 어느 정도의 저항이 있고, 얼마나 오래 지속되었는가? 이 조건화, 특히 부정적으로 인식하는 데에는 어떤 장점이 있는가?

만성 통증과 급성 통증은 큰 차이가 있다. 둘 다 싫지만, 우리가 통증을 얼마나 오래 겪었는지, 그 통증이 마음과 몸 그리고 일상생활에 어떤 영향을 미쳤는지 아는 것이 중요하다. 통증에 부드럽게 접근하여 통증과 함께 호흡하고, 연민의 마음으로 알아차리게 하는 안내는 종종 직관적인 것에 반대된다고 느껴진다.

그러나 경험상 몸에 관한 혐오감과 신체 내의 저항과 그리고 고통을 심화하는 것에 대한 저항이 어떤 결과를 가져오는지 인식하는 것이 중요하다. 저항은 수축과 긴장의 원인이 된다. 이로 인해 더 많은 통증과 고통이 생긴다. 바디스캔은 통증에 대한 조건화된 반응을 알아차리는 데에서 시작된다. 통증은 그대로 두고 그 부위와 주변의 긴장을 내려놓고 연민의 마음으로 반복해서 알아차리려는 의지로 시작된다. 빠른 해결책은 없다. 인내심이 필요할 뿐이다. 여기서 중요한 것은 노력과 지지 그리고 있는 그대로가 아닌 다르기를 바라는 마음을 알고 내려놓는 것이다.

바디스캔: 나의 경험과 대응

바디스캔 시 어떤 경험을 할지 호기심을 갖고, 경험에 대해 어떻게 대응하는지 알아차린다. 바디스캔 대본을 녹음한 것이나, 자신이 바디스캔을 녹음하거나 이미 MBSR에서 훈련을 받은 사람이 녹음한 내용을 들으면서 2주 동안 매일 수업을 듣는 것처럼 바디스캔을 수련한다. 바디스캔을 한 후 어떤 일이 일어났는지 일지를 작성한다.

어떤 상태가 되길 기대하지 말고, 판단 없이 대응하기 위해 최선을 다한다. 중요한 것은 이러한 과정과 자신에 대해 발견하는 것이다. 이것은 스트레스를 완화하기 위한 변화의 시작이며, 당신이 이 수련에서 어떻게 표현하며 사람들을 인도하는가에 영향을 줄 것이다.

수련을 더 많이 할수록 더 많이 배울 수 있고, 더 편안해지고, 다른 사람들을 지도하는데에도 더 효과적이다.

수련 시간과 관찰 내용을 기록하는 일지를 계속 쓴다.

수련–날짜 및 시간: ______________________

경험 ______________________

대응 ______________________

수련–날짜 및 시간: ______________________

경험 ______________________

대응 ______________________

수련–날짜 및 시간: ______________________

경험 ______________________

대응 ______________________

수련-날짜 및 시간: ____________________
경험 ____________________
대응 ____________________

수련-날짜 및 시간: ____________________
경험 ____________________
대응 ____________________

수련-날짜 및 시간: ____________________
경험 ____________________
대응 ____________________

수련-날짜 및 시간: ____________________
경험 ____________________
대응 ____________________

기억할 것

마음챙김 그룹에 들어가는 순간부터 우리의 중점은 알아차림과 알아차림이 어디에 있는지 부드럽게 주의를 두는 것이다. 이를 수업에서도, 집에서도 몇 번이고 반복하며 수련한다.

- 지금으로 돌아올 것을 기억한다.
- 연민을 기억한다.
- 용서하고 비난이나 화, 분노 및 걱정, 기타 부정적인 상태를 고수하지 않는 것을 기억하기 위해 최선을 다한다.
- 선택의 여지가 있다는 것을 기억한다.
- S.T.O.P.를 기억하고 호흡과 몸, 생각과 감정에 주의를 기울인다.

현재가 원하지 않는 육체적 · 감정적 고통을 느끼는 순간이라면, 어떤 방법으로 휴식과 회복의 순간이 될 수 있을까?

호흡 알아차림으로 하는 짧은 앉기명상

1회기 수업에서는 앉기명상을 공식 수련과 비공식 수련 둘 다로 간단히 소개한다. 우리는 수련을 반복하면서 항상 존재하는 호흡을 현재에 대한 닻처럼 사용한다. S.T.O.P.와 호흡으로 돌아와 불안을 알아차리는 순간은 두려움이나 걱정, 불안 및 후회에 빠진 마음의 반추에서 벗어나는 시간이자 피난처가 된다. 반복적인 수련을 통해서만 호흡은 평온함과 고요함의 신호가 될 수 있고, 우리는 반응하지 않고도 경험에 대한 인식을 새롭게 할 수 있다.

앉기명상은 다음과 같이 몸을 자각하게 함으로써 소개할 수 있다. 앉거나 선 자세를 알아차리고, 발은 바닥과 평평하게, 손과 팔은 편안하게, 머리는 어느 한쪽으로 치우치지 않게, 어깨는 수평으로, 몸은 구부정하지 않게 바로 세워 위엄 있는 자세로 몸을 편다.

지금은 호흡 시 들숨과 날숨을 느끼며 호흡을 일부러 바꾸지 말고 있는 그대로 알아차리는 시간이다. 사람들에게 호흡이 가장 생생하게 느껴지는 곳이 어디인지 살펴보라고 한다. "코에서 느껴지는가? 입에서 느껴지는가? 배가 움직이는 것을 느끼는가? 만약 원한다면 배에 손을 올려놓아도 되고, 배를 숨을 들이마실 때 부풀고 내쉴 때 빠지는 풍선이라고 상상할 수 있다."

사람들에게 들숨과 날숨 사이에 잠시 멈추는 순간을 느낄 수 있는지 물어볼 수 있다. 고요한가? 공간이 있는가? 그 짧은 순간에 당신은 어디에 있는가? 알아차리고 있는 당신은 누구인가? 그 다음엔 무슨 일이 일어나는가?

2회기: 관점 수립

우리는 습관의 동물이다. 신경과학은 함께 활성화되는 것은 함께 연결된다는 사실을 발견했다. 생각과 행동을 반복하면 확고하고 조건화된 신경망이 구축된다. 오랜 시간 반복되면서 조건화된 것들은 자동적이 되고, 인식하지 못하게 된다. 이 방식은 우리가 물건을 집고, 걷고, 먹고, 운전하고, 길을 건너고, 일상생활을 하는 데에는 유용하다. 하지만 이 방식 때문에 우리는 바로 보지 못하고, 스트레스를 유발하는 습관과 신념 속에 갇히게 되고, 더 이상 도움이 되지 않는 행동을 지속하게 된다.

멈추고 여기에 있는 것을 기억할 때마다 우리는 내면에 접촉할 수 있다.

주의를 어디에 두는가가 차이를 만든다

새로운 장소로 가는 도중에 당신이 실수를 하거나 내비게이션이 잘못되어 엉뚱한 장소로 가서 '다시 설정'한 후에 다시 출발해야 했던 적이 있는가? 그런데 다음에 같은 장소를 가는데 습관적으로 방향을 잘못 잡아서 두 번째도 '다시 설정'해야 했거나, 아니면 그것이 습관적, 자동적이 되어서 세 번째도 그런 적이 있었는가?

이런 일은 생각 때문에 일어난다. 오늘 나의 환자 중 한 사람이 두려움에 얼마나 지쳤는지 말해 주었다. 그녀는 주말에 아름다운 바닷가로 갈 기회가 있었는데, 마지막 순간에 취소했다. 같이 가기로 한 친구가 그녀에게 전화를 하지 않았기 때문이다. 그녀는 자신이 외톨이이고, 사랑받지 못하며, 희생자라는 관점을 가지고 있었다. 자신의 삶에 대한 이런 관점 때문에 그녀는 친구에게 먼저 전화를 하지 못하고 관계를 탐구하지도 못했다. 그녀는 과거에 학대받은 경험 때문에 자신의 생각과 감정을 물들이고, 자신은 사랑스럽지 않다는 느낌을 유지하고 있었다. 이 부적절한 느낌과 두려움이 그녀가 세상을 보는 렌즈이다. 나는 이 이야기를 듣고 잠시 호흡을 했다. 그녀에게 이런 감정이 사실이라는 증거를 대라고 하거나 친구에게 전화를 걸어 손을 내밀라고 충고하는 것만으로는 충분하지 않다. 그녀는 아직 그렇게 할 수 없으며, 자책감에 사로잡혀 있다.

그래서 우리는 잠시 멈추고 S.T.O.P.를 하며 침묵 속에서 그녀는 자신의 슬픔을 어루만지고 우리는 그 슬픔을 안아 주었다. 우리라고 한 것은 그녀를 둘러싸고 있는 침묵 속에서 나도 함께 조용히 멈추었기 때문이다. 그녀가 겪은 슬픔은 가슴 한가운데를 무겁게 누르고 배를 조이는 것으로 나타났다. 이런 감각을 인식하면 감정이 느껴지고, 말로 표현하면 이러한 감정이 얼마나 깊은지 인정할 수 있다. 내 생각에는 인내심을 가지고 초점을 바꾸어야 할 것 같다. 어떻게 당신이 초점을 바꿀 수 있을지 함께 보겠는가?

나중에 우리는 그녀와 친구의 관계를 살펴보고, 그녀가 수동적인 태도와 피해자라는 느낌에서 벗어나 더 적극적이고 다른 사람에게 영향을 줄 수 있기 위해서는 무엇이 필요한지 살펴보겠지만, 우선 우리는 잠시 멈추고 슬픔과 분노, 상처 등을 인식한 다음, 그녀가 불가능하다고 생각했지만 이루어 낸 모든 것을 기억할 시간을 가져 볼 것이다. 멈춤은 폭포처럼 쏟아지는 생각과 감정을 끊어 내고 새로운 관점을 가질 수 있는 여지를 준다.

어떤 사람에게는 새로운 관점을 갖는 것이 도약일 수도 있고, 갑작스러운 깨달음일 수도 있다. 또 다른 사람에게는 시간이 지남에 따라 단계적으로 일어나는 것일 수도 있다. 관심을 가져야 할 것은 문제에 접근하는 방법과 판단하지 않고 주의를 기울이려는 의지이다. MBSR 1회기 수업에서는 다음 수업까지 9개의 점을 연결하라는 과제를 준다. 빈 종이에 9개의 점이 있는데, 이 점들을 연필을 떼지 않은 채 겹치지 않고 4개의 직선으로 연결하라는 문제가 있다(다음의 그림 참조). 사람들에게 과제로 주고 다음 주에 가지고 오라고 한다. 이 문제가 풀리지 않아 화가 나서 스트레스를 받는 사람도 있고, 바로 문제를 풀 수 있는 사람도 있고, 구글에서 검색하거나 포기하는 사람도 있다. 여기에 대한 반응은 우리가 도전에 대응하는 다양한 방식과 그 효과를 보여 주고 강조하는 것만큼이나 유용할 수 있다.

종이에서 연필을 떼지 않은 채 중복하지 말고 4개의 직선으로 점을 연결하시오.

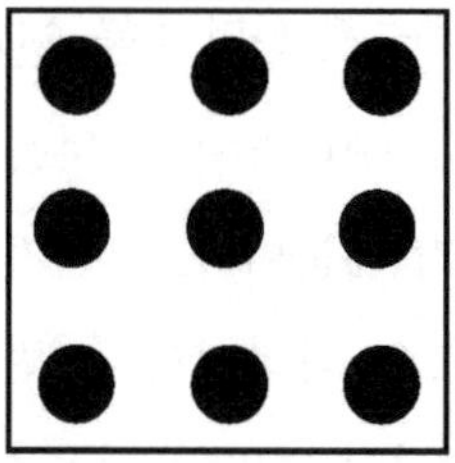

답은 상자 밖으로 나가는 것이다.

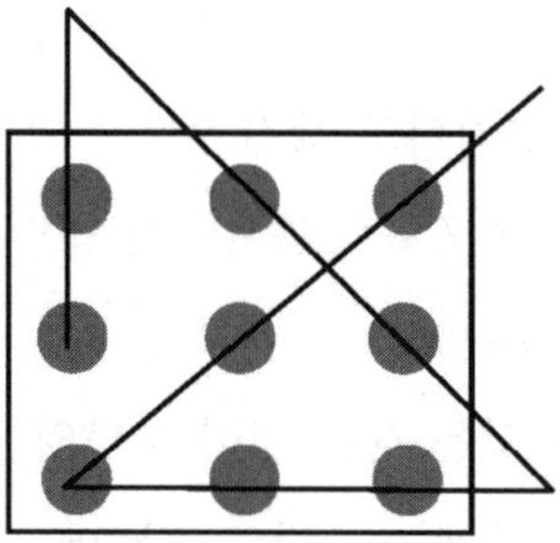

우리는 한 걸음 물러서서 세상을 인식하는 방식을 관찰함으로써 우리를 가두고 고통을 지속시키는 상자를 인식하는 연습을 한다. 이는 변화를 위한 공간, 시간

그리고 관점을 만든다.

만성 요통 때문에 MBSR 수업에 참여한 남성이 있었다. 그는 지붕을 수리하는 사람이었는데, 자기의 직업을 싫어했다. 하지만 보험 보장이 좋았기 때문에 그만두기는 힘들었다. 그는 성실히 명상했고, 마음이 안정되고 고요해짐에 따라 얼마나 자기의 직업을 싫어하는지에 대해, 얼마나 틀에 갇힌 느낌인지에 대해 생각하는 것을 그만두었다. 대신 그는 호흡으로 돌아와 내면의 고요함을 키우는 데 집중했다.

그는 마음이 고요해지고 자신이 통증에 지배되는 삶을 원하지 않는다는 것을 깨달았을 때, 지붕을 수리하는 일이 통증을 더 악화시키고 있다는 생각이 들었다. 이를 계기로 그 일을 그만두고 다른 일을 찾게 될 용기를 얻었다. 문제로부터 한 발짝 물러나 마음을 좀 쉬게 하는 것만으로도 그는 관점을 넓힐 수 있었다. 문제를 둘러싼 공간이 커지면서 그의 관점이 바뀌었고, 자신을 가둔 틀에서 벗어나 더 건강한 선택을 할 수 있었다.

다음과 같은 공자의 말이 있다. "누구인들 밖으로 나갈 적에 문(門)을 통하지 않고 나갈 수 있겠는가? 그런데 어찌하여 이 도(道)를 따르는 이가 없는가?" 반복되는 생각이나 문제를 발견하고 그것을 내려놓고 다시 호흡으로 돌아갈 때마다 출구로 나가는 것이다.

상자 밖으로 나가기

5~15분 정도 시간을 낸다. 그 이상은 내지 않도록 한다. 먼저 편안하게 시작한다. 몸이 편안해지면 준비가 되는 대로 호흡에 주의를 기울인다. 들숨에 충만함을, 날숨에 해방감을 느껴본다. 호흡의 리듬이 느려지고 고르게 되면 도저히 해결책이 없어 보이는 문제를 마음에 떠올려 본다.

되도록 많은 감각을 사용하여 그 문제와 그 문제를 경험한 상황을 가능한 한 완전히 알아차리도록 한다. 원한다면 그 문제에 이름을 붙이고, 그 문제를 살펴볼 때 당신의 감정과 몸에서의 느낌과 그것을 둘러싼 생각을 기록한다. 발견한 내용을 기록하거나 그림으로 표현할 수도 있다. 그것은 어떤 색인가, 얼마나 큰가, 모양이 있는가? 정해 놓은 시간의 마지막에는 S.T.O.P.를 한다.

눈을 감고 있다면 눈을 뜬다. 만약 글을 쓰거나 그림을 그리는 중이라면 펜이나 그림 도구를 내려놓는다. 마음챙김하며 팔, 다리, 몸을 움직이거나 걷는다. 준비가 되었으면 주의를 기울이는 대상을 내려놓고 호흡으로 돌아간 후에 문제를 다시 살펴본다.

친절과 연민의 태도로 이 문제를 둘러싼 공간을 만들 수 있겠는가? 마치 멀리서 새로운 시각으로 문제를 보는 친구처럼, 마음의 눈으로 문제 너머로 내면의 한 걸음을 내딛어 보라.

이 상자 밖에 있다면 어떨지 상상할 수 있는가? 원한다면 가슴 위에 손을 얹고 상상해도 좋다. 애써 힘을 주거나 노력하지 말고 발아래 바닥과 몸이 숨 쉬는 것을 느껴 본다. 지금 상자를 내려놓거나 옆으로 밀어 두면 어떤 느낌이 들겠는가? 그래도 그 문제는 계속해서 당신의 마음속에 떠오를 것이다. 만약 그렇다면 마음속에 떠오르는 것을 다정하게 어루만지며 호흡으로 주의를 돌린다.

당장 문제를 해결할 수 있기를 기대하지 말고, 지금은 당신의 기대에 대해 알아차린다. 문제처럼 기대도 공간에 둘러싸여 있다고 상상해 본다. 이제 문제의 모양과 느낌은 어떠한가? 당신은 문제로부터 자유로워지는 것이 어떤 것인지 상상할 수 있는가? 문제를 내려놓고 해방되면 어떨까? 몸은 어떻게 느끼고 또 마음은 어떤지 적어 본다.

앉기명상

앉기명상은 공식 수련으로서 MBSR의 모든 회기에서 시간을 달리하며 하게 된다. 처음에는 주의를 두는 주 대상을 호흡으로 시작하며, 회기 중간에는 주의의 대상을 호흡에서 시작하여 감각, 소리, 감정－유쾌, 불쾌, 중립－으로 옮기는 연습을 하게 된다. 생각 또한 주의의 대상이 될 수 있는데, 생각이 시작될 때, 끝날 때, 다시 새로운 생각이 시작될 때를 관찰한다.

이렇게 주의를 기울이면 현재를 닻으로 삼아 알아차림에 대한 확고한 기반으로 대상을 지켜보면서 단지 나타나는 모든 일에 마음을 열고 앉아 있게 된다. 이것을 선택 없는 알아차림(choiceless awareness) 또는 열린 알아차림(open awareness)이라고 한다. 이러한 알아차림의 의도는 가능한 한 여과하지 않고 모든 것이 발생할 때 직접 경험하는 것이다. 그것은 마치 안전띠를 매고 자동차를 타고 가는 사람이 되어 지나가는 풍경을 보면서 길과 길이 우리를 이끄는 것에 대해 배우는 것과 같다.

앉기명상은 여러 가지 자세로 할 수 있다. 그러나 모두 몸이 바닥에 닿고 안정될 수 있도록 바르고 위엄 있는 자세를 강조한다. 골반은 약간 앞으로 하고, 의자에 앉을 때에는 발이 바닥에 닿도록 한다. 이 자세는 척추를 바로 세우고, 지속적인 주의를 기울일 수 있도록 몸을 안정적으로 만든다. 가능한 한 편안하고, 바른 자세로 긴장을 풀고 몸이 뻣뻣해지지 않도록 한다. 이때 자신이 옳다고 생각하는 자세나 다른 사람의 자세를 따르기보다는 자신의 몸에 귀를 기울이고 자신의 몸에 맞는 자세를 한다.

통증을 느끼는 사람이 있다면 통증이라고 분류하지 말고 통증 자체의 감각에 주의를 기울이며 호흡하라고 한다. 이때 감각의 강도가 약해지지 않고 계속 불편한 경우에만 움직이게 한다.

앉기명상 안내문의 예

가능한 한 편안한 자세로 앉아 눈을 부드럽게 감고 호흡을 알아차립니다. …… 숨이 몸 속으로 들어오고 나가는 것을 알아차릴 수 있는지 봅니다. …… 어디에서 숨을 가장 생생하게 느끼나요? 콧구멍, 가슴, 배 ……?
원한다면 손을 배에 얹고 숨을 들이쉬거나 내쉴 때 오르락내리락하는 것을 느낄 수 있습니다. 당신이 할 일은 아무것도 없습니다. 호흡을 바꾸려고 노력하거나 어떤 특정한 방식이 되게 할 필요가 없습니다. …… 무슨 일이 일어나든지 허용하고, 인정하고, 살펴봅니다. …… 어떤 일이 일어나도 바꾸려고 하지 말고 그저 바라보며 지나가도록 합니다. …… 마음을 구름이 흘러가는 매우 광활한 하늘이라고 상상해 봅니다. ……
마음이 다른 곳에서 방황할 수도 있습니다. 그럴 때에는 호흡이나 호흡에 따른 움직임으로 주의를 부드러우면서도 단호하게 돌립니다. 만약 주의를 사로잡는 특별히 강한 감각이나 경험이 나타나면 거기에 주의를 기울이며 그에 따른 다른 감각들이 있는지 살펴봅니다. 지금 알고 있는 경험이나 감각과 함께 호흡하고 그곳에 부드럽게 주의를 기울입니다. 연민의 마음으로 공간을 주고 알아차림 속에 머뭅니다. …… 준비가 되면 호흡으로 주의를 다시 가져옵니다. 언제든지 눈을 뜨고 주위를 둘러볼 수 있습니다. 그런 후에는 호흡으로 돌아오고 준비가 되면 다시 눈을 감습니다. …… 만약 판단이 일어나면 판단하고 있다는 것을 알아차리고 그것이 지나가게 합니다. 새로운 호흡, 새로운 순간 …… 친절을 기억합니다. …… 어떤 어려움에도 마음을 기울입니다. …… 주의가 호흡에서 멀어졌다는 것을 알 때마다 마음챙김 근육을 강화시킵니다. …… 그리고 이제 이 순간으로 돌아옵니다.

새로운 호흡 …… 새로운 순간 ……

원한다면 감각을 포함하도록 알아차림을 확장할 수 있습니다. 몸이 의자나 다른 것에 닿는 느낌, 손의 위치, 머리의 무게 그리고 나타나는 그 어떠한 감각 …… 하지만 호흡을 주의의 주요 대상으로 둡니다. 소리가 나면 듣고 있다는 사실과 소리에 주의를 기울입니다. 생각하고 있다는 것을 알게 되면 생각에 계획, 걱정, 판단이라는 이름을 붙이고, 감정에 분노, 슬픔, 두려움이라는 이름을 붙여 봅니다. 그리고 이 생각이 몸에 미치는 영향을 관찰하고 다시 호흡의 느낌으로 돌아옵니다.
그리고 준비가 되면 눈을 뜨고 다시 여기로 주의를 돌려 봅니다. …… 자신과 알아차림을 위해 노력하고 시간을 낸 것을 축하합니다.

이 연습을 정해진 기간 동안에 바람직하게는 매일 같은 시간에 하는 것이 가장 좋다. 시간을 미리 정하고, 방해받지 않는 안전한 곳에서 이 명상을 하는 것이 도움이 된다.
언제든지 호흡으로 돌아올 수 있다. 이것은 현재에 대한 닻이 될 수 있다.

호흡 알아차림에 대한 대안

어떤 사람은 단지 호흡에 주의를 기울이기만 해도 정말 편안하고 도움을 받을 수 있지만, 불안이나 두려움, 고통을 느끼게 되는 사람도 있다. 그래서 눈을 뜨는 것을 허용하고, 호흡 대신 발이 바닥에 닿는 느낌이나 소리에 주의를 기울이는 것(외부의 대상으로 주의를 기울이는 것은 안정감과 확신을 준다)과 같이 선택권을 주는 것이 중요하다. 약을 복용하거나 인지장애가 있는 사람들과 함께 이 연습을 할 때에는 그들 곁에서 안내를 하는 것이 도움이 된다. 이때 다음과 같이 안심하고 진정시키는 말을 할 수 있다. "숨을 들이마시며 …… 건강과 활력 …… 행복한 느낌이 들어오고 …… 지금 내가 여기에서 살아 있다는 것을 알아차립니다. 숨을 내쉴 때 …… 독소와 걱정이 나갑니다."
항상 잠시 멈추고, 만약 필요하다면 그 사람의 호흡의 움직임을 알아차린다. 필요하다면 잠시 멈추고, 그들의 반응을 듣는다. 만약 인지장애가 있는 사람과 함께하고 있다면 그들의 연상작용을 따르도록 한다. 그들에게는 함께하는 것과 부드러운 손길이 필요한 전부일지도 모른다.

명상 시간

MBSR 오리엔테이션이나 첫 수업에서 1~2분 동안 주의에 초점을 맞추는 것과 현재에 대한 닻으로서의 호흡에 대한 알아차림을 간단히 소개한다. 수업이 진행됨에 따라 점차 20분에서 30분까지 시간이 늘어난다. 집에서 5회기에 나누어 준 CD를 들어보면 호흡에서 몸, 감각, 소리, 감정, 느낌, 생각을 포함하는 것으로 옮겨 간다. 이것들은 하나씩 소개되며, 각각 사이에 멈추는 시간이 충분히 있어 속도를 맞출 수 있다. 앉기명상은 선택 없는 알아차림으로 끝나는데, 이것은 순수한 주의(bare attention)라고도 하며, 알아차림 속으로 무엇이 들어오든 마음이 거기에 놓여 있음을 의미한다. 이것은 진보적인 수련으로, 지속적이고 편안하게 알아차릴 수 있는 능력이 요구된다.

개인 수련: 앉기명상

방해받지 않고 조용히 앉아 있을 수 있는 장소를 찾는다. 앉기명상을 언제, 어디서, 얼마나 오래 할지를 정한다. 만약 같이 사는 사람들이 있다면 그들에게 당신이 무엇을 하는지, 왜 하는지 미리 설명하는 것이 좋다. 그래서 모두에게 괜찮은 시간을 선택하여 다른 사람들이 협조하고 이해할 수 있도록 한다. 이를 위해서는 협상이 필요할 수도 있다. 앉기명상을 하기 위해 시간을 낼 의지를 갖고 있는 것처럼, 협상하는 것 자체도 수련의 일부이다.

명상 일지를 만들어 명상 날짜와 시간 그리고 경험을 적는 것이 도움이 될 것이다. 이때에는 판단하지 않고 배우려는 의도를 가진 과학자처럼 한다.

날짜 ___________ 시작 시각 ___________ 종료 시각 ___________

경험:

날짜 ___________ 시작 시각 ___________ 종료 시각 ___________

경험:

날짜 ___________ 시작 시각 ___________ 종료 시각 ___________

경험:

날짜 ___________ 시작 시각 ___________ 종료 시각 ___________

경험:

날짜 ___________ 시작 시각 ___________ 종료 시각 ___________

경험:

날짜 ___________ 시작 시각 ___________ 종료 시각 ___________

경험:

제5장

마음챙김 움직임

3회기: 요가와 마음챙김 움직임

나는 수련에 중점을 두기 때문에 3회기 수업을 항상 짧은 집중 수련으로 생각한다. 이 수업은 주로 스트레칭이라고 할 수 있는 서서 하는 요가와 지도자가 안내하는 앉기명상으로 시작한다. 나는 집에서 하는 수련에 대한 질문을 좋아한다. 사람들은 2주 동안에 매일 바디스캔을 하게 된다. 이는 사람들이 하루 일정을 바꿔서 자신을 위해 바디스캔을 할 시간을 냄으로써 몸에 더 많이 머물 수 있다는 것을 의미한다.

바디스캔은 의도적으로 발가락부터 시작한다. 제임스 조이스(James Joyce)는 『더블린 사람들(The Dubliners)』에서 "더피 씨는 몸에서 약간 떨어져서 살았다."라고 언급했다. 슬프게도 많은 사람이 더피 씨와 같이 알아차림은 주로 머리에서 하는 정신 활동이라고 믿는다. 뭔가 잘못될 때까지 우리는 몸을 무시한다.

요가는 산스크리트어로 몸과 마음을 하나로 묶어 이 둘을 통합하고 조화롭게 하는 것이다. 요가와 명상은 서로를 보완하며, 요가는 MBSR에서 필수적이다. 이 둘은 통합과 전체성으로 가는 문이며, 통찰력과 지혜로 이어진다. MBSR에서 요가는 신체적 건강보다는 유연성과 회복력에 관한 것이다. 이는 몸에 대한 자각을 불러일으키고, 우리가 마음뿐만 아니라 몸에서도 산다는 사실을 상기시킨다. 집에서 하는 수련에 대해 논할 때, 이론적인 면(바디스캔을 하는 이유)은 실제 수련에 근거한다. 사람들은 무엇을 알아차리고, 보고 느끼는 것에 어떻게 반응하는가? 그들의 인식은 변했는가? 만약 그렇다면 어떻게 바뀌었는가?

다음 요가는 매사추세츠 대학교 의과대학의 MBSR 프로그램에서 가져온 것이다. 이 요가는 의자나 침대에서 할 수도 있다. 어떤 사람이 둘 다 할 수 없다면 동작을 시각화할 수 있다. 애쓰지 않고 얼마나 오랫동안 자세를 잡을 수 있는지 또는 어떤 자세에서 얼마나 멀리 뻗을 수 있는지 몸이 자신에게 하는 말을 듣는 것이 중요하다.

스트레칭은 다리를 15cm 정도 벌리고 팔은 몸 옆에 붙이고 손바닥은 천장을 향하게 하여 몸이 바닥에 의해서 완전히 지지가 되어 깊이 이완할 수 있는 휴식 자세로 시작한다. 허리에 문제가 있는 사람은 발을 엉덩이 쪽으로 가져와 무릎이 천장을 향하도록 한다.

시작 지침

가능하다면 등을 대고 누워서 한다. 방이 좁을 때에는 종종 우주 비행사 자세를 추천하는데, 몸을 의자 가까이로 가지고 가서 아래쪽 다리를 의자에 올려놓는다.

만약 의자에 앉아 요가를 하는 것을 좋아한다면 그것도 괜찮다. 동작을 직접 하지 않고 자세를 마음속에 그리며 시각화하는 것도 마찬가지로 괜찮다.

자세 사이에 휴식 자세를 반복하는 것은 다리를 들어 올리거나 골반을 회전시키는 능력만큼 중요하다. 주의의 초점은 몸과 호흡이다. 다음은 마음챙김 센터에서 사용되는 몇 가지 자세 목록이다. 참가자들은 이런 자세들을 녹음한 안내 명상을 들으면서 이틀에 한 번씩 수련한다. 안전에 대해 질문이 있는 경우에는 의사나 물리치료사에게 확인하는 것이 좋다.

누워서 하는 자세

- 휴식–등을 펴고 눕기
- 전신 스트레칭
- 골반 기울이기
- 몸통을 앞뒤로 흔들기
- 가슴으로 무릎을 당기기

- 고양이 자세
- 소 자세
- 사냥개 자세(양쪽)
- 교각 자세
- 척추 비틀기(양쪽)
- 다리 스트레칭(양쪽)
- 엎드려서 다리 스트레칭(양쪽, 앞쪽 휴식)
- 변형된 코브라
- 휴식-등을 펴고 눕기

서서 하는 자세

- 팔 뻗기
- 스트레칭-포도 따기
- 다리 들기-앞, 옆, 뒤
- 골반 돌리기
- 머리, 목, 어깨 스트레칭

의자에서 하는 요가

머리와 목

고개를 좌우로 돌려 어깨 너머를 바라본다. 고개를 들어 위를 보고 아래를 내려다본다.

어깨

어깨를 앞뒤로 원을 그리며 돌린다. 숨을 내쉬면서 어깨를 앞으로 돌리며 원을 그리고, 숨을 들이쉬면서 어깨를 뒤로 돌린다. 마음챙김하며 천천히 반복한다.

팔 들어올리기

숨을 들이마시며 팔을 양쪽으로 뻗고 손바닥을 바깥쪽으로 향하게 한다. 그다음 팔을 머리 위쪽으로 들어 올리고 손바닥을 마주 보게 한다. 상체가 쭉 펴지는 느낌으로 스트레칭을 한다. 그 상태로 호흡을 서너 번 한다. 숨을 내쉬면서 옆구리를 구부리고 아래쪽으로 향한 팔을 아래로 내린다. 몸 옆쪽으로 팔이 멈추면 감각을 알아차린다.

무릎

무릎을 한 번에 한쪽씩 들어 올린다.

다리

종아리와 발을 한쪽씩 늘리듯이 스트레칭을 한다. 발목을 안쪽으로 돌린 후 바깥쪽으로 돌린다.

서 있는 자세 또는 앉은 자세에서 발바닥이 바닥에 닿는 느낌을 알아차린다.

어떤 식으로든 기분 좋게 천천히 그리고 마음챙김하며 움직인다!

앞뒤로 구부리기

발바닥이 바닥에 닿도록 의자에 앉는다. 숨을 마시면서 팔을 천천히 머리 위로 들어 올린다. 팔을 약간 뒤로 젖히고 가슴을 연다. 숨을 내쉬면서 천천히 앞으로 구부린다. 손은 바닥을 향하고 팔은 최대한 편안하게 늘어뜨린다. 호흡을 하며 잠시 머물다가 천천히 위로 올라온다.

척추 비틀기

의자에 앉아 숨을 마시며 척추를 편다. 천천히 숨을 내쉬면서 엉덩이부터 시작해서 갈비뼈까지 오른쪽으로 비튼다. 왼손은 오른쪽 무릎이나 허벅지에 올려놓는다. 오른손은 의자의 팔걸이나 의자 위에 올리고 오른쪽 어깨를 비튼다. 마지막으로, 목과 머리를 돌려 뒤를 돌아본다. 호흡을 몇 번 하고, 숨을 들이쉴 때마다 머리 윗부분을 올리고, 내쉴 때마다 가능하면 척추를 더 늘리기 위해 조금 더 비튼다. 그런 다음, 천천히 풀면서 숨을 내쉬며 중앙으로 돌아온다.

반대쪽으로 3~5번 호흡하면서 반복한다.
숨을 들이쉰 만큼 내쉬어야 한다.

요가를 위한 조언

몸 알아차림을 유지하는 자세로 수련한다.

자세를 취하기 위해 움직이는 동작과 거기에 따른 감각에 주의를 기울일 뿐만 아니라 휴식 자세로 갈 때에도 주의를 기울인다.

다른 사람에게 마음챙김 동작이나 앞의 스트레칭을 지도한다면 자세나 동작을 하면서 말을 하고 안내를 하는 연습을 한다.

사람들에게 자기 자신을 돌보고 자신의 몸에 귀를 기울이라고 말할 것을 기억한다.

사람들에게 마음챙김 움직임이 자세를 취하려고 노력하거나 밀어붙이는 것이 아니라, 몸에 귀 기울이는 것임을 상기시켜 주어야 한다. 그 목적은 유연성과 알아차림과 회복성을 향상시키는 것이다. 그것은 몸과 친구가 되어 한계를 발견하고, 그 한계를 넘어서도록 밀어붙이지 않는 것이다.

3주 후 과제

요가와 바디스캔을 번갈아 하면서 스스로에게 매일 묻는다. 몸은 지금 무엇이 필요한가? 나는 몸이나 마음의 어떤 부분을 무시하거나, 주의를 두지 않거나, 사용하지 않아서 건강하지 못한 상태로 방치하고 있지는 않는가? 오늘 나 자신을 돌보기 위해 무엇을 하고 있는가?

사건 일지

두 번째 주에 참가자들은 유쾌한 사건을 기록한다. 이어서 세 번째 주에는 불쾌한 사건을 매일 기록하면서 스트레스 요인(불쾌한 사건)의 이름과 그 유발 요인과 그에 따른 생각, 감정, 감각을 기록한다(제6장의 유쾌한 일 기록표, 불쾌한 일 기록표 참조).

1~3회기의 수업 요약

나는 MBSR 수업에서 첫 3회기를 기초 수업으로 본다. 이 동안에 마음챙김을 소개하고, 2주 내내 그리고 3주째는 일부 바디스캔을 한다. 호흡 알아차림을 하는 짧은 앉기명상과 마음챙김 움직임(요가)과 서서하는 요가, 누워서 하는 요가를 소개한다. 수업 중 나누는 대부분의 이야기는 마음챙김을 수련하고 이해를 명확히 하는 데 초점을 맞추고 있다. 참가자들이 명상 안내를 듣고 따르도록 하기 위해 45~60분 정도 시간을 내도록 할 뿐만 아니라 일상생활에서 더 깨어 있고 알아차리도록 동기를 부여하는 것이 우선시된다. 수련에서의 어려움과 건설적이지 않은 사고와 행동의 습관적 패턴 사이에 연관성이 생기기 시작한다. 연민과 친절 및 자기돌봄의 중요성이 비판단적 태도와 함께 강조된다.

멈추기(Stop)
호흡하기(Take a breath)
마음 열기, 관찰하기(Open, Observe)
계속하기(Proceed)

수련 평가하기

지금 마음챙김을 어떻게 이해하고 있는가?

당신의 공식적인 수련은 무엇인가? 얼마나 오래, 얼마나 자주하는가?

바디스캔

앉기명상

마음챙김 요가

마음챙김 걷기

수련을 위한 시간을 내고 연습할 공간을 만드는 데 도움이 되는 것은 무엇인가?

수련의 효과는 무엇인가?

수련이 삶을 변화시키고 있는가? 만약 그렇다면 어떻게 변화시키고 있는가?

비공식적으로 마음챙김을 일상에 어떻게 적용하고 있는가?

잠시 멈추고 현재에 사는 것을 기억하는 데 도움이 되는 것은 무엇인가?

걷기명상

걷기명상은 공식적 수련일 수도 있고, 비공식적 수련일 수도 있다. 세계적인 영적 지도자이자 시인이자 평화 운동가, 선사이며 플럼 빌리지(Plum Village)의 창립자인 틱낫한은 걷는 것을 대지에 입맞춤하는 것이라고 말했다. 마음이 동요할 때는 걸으면서 발과 한 걸음 내딛는 동작, 발을 들어 올리고, 움직이고, 놓고, 체중을 이동하고, 균형을 잡고, 또 다른 발걸음에 주의를 집중하면 마음이 안정될 수 있다. 발과 지면과의 연결에 주의를 기울인다. 주의력을 키우기 위해 들숨에 들어 올리고 날숨에 발을 내려놓도록 한다.

"세상의 모든 길, 모든 거리에서 당신은 걷기명상을 할 수 있다."

- 틱낫한

제6장

스트레스 대처 전략 검토: 반응 대 대응

느낌의 영향: 유쾌, 불쾌, 중립

마음챙김의 두 번째 토대는 느낌에 대한 알아차림으로, 느낌의 종류, 즉 유쾌함과 불쾌함 그리고 그 사이에 있는 중립적인 상태를 알아차리는 것을 의미한다. 여기에는 정서적인 것이 포함될 수 있다. 우리가 어떻게 느끼는가는 정신적, 신체적, 내면 또는 외부의 사건에 어떻게 대응하는지에 영향을 미칠 수 있다. 우리는 자신을 보호하도록 타고났기에 불쾌한 것은 저항하고, 유쾌한 것은 갈망하고 집착함으로써 고통에서 빠져나오지 못한다. 이것은 무의식적으로 이루어진다. 이러한 느낌과 그에 따른 생각과 감각을 알아차리면 변화의 문이 열리고 더 큰 행복을 얻을 수 있다.

예를 들어, 나는 최근 요양 시설에 있는 노인들에게 '마음챙김'을 소개한 적이 있다. 어떤 사람은 보행기를, 또 다른 사람은 휠체어나 지팡이를 이용해서 교실로 왔다. 그들은 사회복지사와 성직자가 이끄는 현명한 노화에 대한 의견을 나누기 위해 모였다. 대부분의 노인들에게 요양 시설에서 산다는 것은 삶의 마지막 단계로, 자립의 상실을 의미한다. 그곳에 있는 사람들의 마음은 아직 젊지만, 노화 과정은 몸과 마음을 모두 바꿔 놓았다.

나는 그들에게 잠시 멈추고 호기심을 가지고 친절한 태도로 몸의 자세와 들숨과 날숨의 느낌에 주의를 기울이도록 했다. 그 후 노화와 시설에서 생활하는 것에 대해 어떻게 느끼는지 물었다. 대부분 부정적인 단어를 사용하여 답하는 경우가 많았다.

한 여성은 특히 괴로워하며 "나는 '나'를 잃어버렸어요."라고 말했다.

그녀는 작가였다. "마음이 예전 같지 않아서 더 이상 쓸 수가 없어요 ……
여기서는 할 일이 없어요. 나는 더 이상 성장할 수가 없어요."
일행 중 몇 사람은 불편한 듯 의자에서 몸을 움직였다.
한 여성이 그녀에게 말했다. "당신은 글을 쓸 수 있고, 여기서도 할 일이 많아요."
"누구도 나에게 슬퍼할 기회를 주지 않아요." 첫 번째 여성이 대답했다. 방은 조용해졌고, 성직자는 나머지 사람들에게 물었다. "기분이 어떻습니까?" "화가 나요."라고 한 사람이 말했다. "상실감이 느껴져요." 다른 사람이 말했다. "좌절감이 느껴지고 슬퍼요." 세 번째 사람이 말했다.

이런 대화가 오갈 때 나는 눈물이 고이고, 목이 메이고, 슬픔을 느꼈다. 그리고 생각이 뒤따랐다. 처음 떠오른 생각은 요양 시설에서 생활하거나 병들고 싶지 않다는 것이었다. 나는 '두려움'을 알아차리고 생각에 이름을 붙였다. 내가 느낀 것은 '불쾌함'이었다. 그러고 나서 탐구적 질문에 대해 생각하기 시작했다.

내게 "기분이 어떻습니까?"라는 질문은 그다지 구체적이지 않았다. 나는 몸 어디에서 감각이 느껴지는지 궁금했다. 나는 이 모임의 진행자가 그 여성에게 느낌이 어떤지 더 묻지 않고 다른 사람에게 질문을 옮겨 간 것에 주목했다. 여기서 나는 다음과 같이 판단하는 생각을 했다. 나는 다른 사람에게 질문을 옮겨 가기보다는 그 여성과 더 오래 머무르며 그녀가 애도하고 싶은데 그것이 허용되지 않는 느낌이라는 그녀의 말을 탐구하는 것이 더 적절하다고 생각했다. 이 생각을 알아차리자 좀 더 나은 질문이 무엇일지 정신적인 평가를 시작하면서 변화가 생겼다. 불쾌한 느낌은 훨씬 더 순해지고, 감각은 내 배로 옮겨 갔다. 배가 더 조여 왔는데, 이것은 불편하고 불안하다는 표시였다. 내가 MBSR 수업에서처럼 지도자가 되어 이 여성에게 응대하고 싶어 한다는 사실을 인식하였다. 내 생각이 전전두피질로 옮겨 가고 문제해결을 시작하면서 나는 생각에 몰두했고, 몸에 대한 알아차림은 적어졌다. 그 느낌은 중립적인 범위에 있었다.

내 대응에는 좋고 나쁘고, 옳고 그른 것이 없었지만, 알아차림은 감정, 생각, 감각의 변화를 허용했다. 어떤 특정한 상태에서도 꼼짝도 못한다거나 길을 잃었다는 느낌은 들지 않았다. 어떻게 하면 '나'를 잃어버린 여성이 변화에 적응할 수 있을까? 어떻게 하면 한 발짝 물러서서 잃어버린 내가 아닌 찾아야 할 나를 발견할 수 있을까?

유쾌한 일 기록표, 불쾌한 일 기록표는 우리가 한걸음 뒤로 물러서서 일련의 사건, 생각, 감각, 감정을 관찰하여 우리의 습관적인 반응을 발견하고 그 영향을 검토할 수 있도록 고안되었다. 기록표는 사건과 그에 따른 반응을 알아차리며 작성한다. 사건은 유쾌한 일과 불쾌한 일로 구분하여 작성하되, 판단과 자기 비난을 하지 않도록 한다.

모든 일이 생기는 데에는 조건이 있다. 우리는 느끼고 생각한다. 이것은 인간이라면 누구나 그렇지만 이러한 생각과 감정에 빠져들거나 거기에 갇힐 필요는 없다. 만약 이런 자신을 발견한다면 잠시 멈추고, 이 습관을 알아차린 것을 스스로 축하하고 지금 여기로 돌아온다. 이것은 발견 과정임을 기억하라. 알아차린다면 선택할 수 있다. 알아차리지 못한다면 같은 패턴이 맹목적으로 반복될 것이다. "가진 것에 감사하고, 모든 것을 못 가진다고 화내지 말라."는 현재 학교에서 아이들에게 가르치고 있는 슬로건이다. 화를 내는 것은 피할 수 없는 일이지만 거기에 머물러 있을 필요는 없다. 다음 순간에 새로운 기회가 있다.

유쾌한 일 기록표

매일 구체적으로 몸과 마음에서 경험한 유쾌한 일을 기록한다.

	일요일	월요일	화요일	수요일	목요일	금요일	토요일
촉발사건							
생각							
느낌							
감정							
감각							
결과							

이것으로 알게 된 것은?

불쾌한 일 기록표

매일 구체적으로 몸과 마음에서 경험한 불쾌한 일을 기록한다.

	일요일	월요일	화요일	수요일	목요일	금요일	토요일
촉발사건							
생각							
느낌							
감정							
감각							
결과							

기록표를 검토한 후 사건에 대해 유쾌하거나 불쾌한 일에 대한 자신의 관계를 조사하라. 지각과 감각이 어떻게 달랐는가? 유사했던 점은 무엇인가? 여기서 배울 수 있는 것은 무엇인가?

4회기 및 5회기: 스트레스와 대처 전략

이제 MBSR의 8주 과정 중 중간까지 왔다. 지금은 많은 사람이 잘하는 것보다는 잘못하는 것을 발견하고, 의심이 생길 때이다. 수련을 계속하고 앞서 말한 태도를 유지하기 위해서는 노력하고, 인내하고, 신뢰할 필요가 있다.

판단이 일어날 수 있고, 그것이 나쁜 것일 수도 있다. 변화를 위한 수용도, 내려놓기도, 지나치게 애쓰지 않기도 쉽지 않다. 주의 기울이기를 위한 안정성과 유연성은 어느 정도 확립되어 있지만, 스트레스를 지속시키는 자동 반응과 조건을 찾는 것은 여전히 어려울 수 있다.

이 시기에 사람들은 흔히 증상과 문제가 사라지기를 간절히 바라게 된다. 하지만 감정적이든, 육체적이든 더 이상의 고통은 없어야 한다는 기대가 채워지지 않으므로 불쾌한 느낌에 압도될 수 있다. 알아차림을 하면서 불쾌한 느낌은 감소하기보다는 오히려 더 민감하게 느껴질 수 있다.

"왜 수련을 계속해야 하는가?" "왜 마음챙김을 해야 하는가?"라는 질문에 정답은 없다. 이것을 찾는 대신에 유쾌한 일/불쾌한 일 기록표를 참고해 각 사건에 대한 습관적 반응을 조사하면 도움이 될 것이다.

어떤 사람을 기분 좋게 하거나 그의 문제를 고치려고 노력하는 것보다는 연민으로 그리고 비판단적으로 문제에 관한 정보를 좀 더 얻는 것이 훨씬 더 현명한 일이다. 여기에는 때때로 믿음의 도약이 요구된다. 이것은 어떤 사람이 수련이 처음이고, 조용히 앉아서 판단하거나 반응하지 않고 마음과 몸과 생각 그리고 감정을 관찰하는 것을 매우 싫어할 때 더욱 그러하다. 이때는 주간 단위로 유쾌한/불쾌한 일 기록표를 작성하는 것이 도움이 된다.

왜 마음챙김 수련인가

멈추기(Stop)
호흡하기(Take a breath)
마음 열기, 관찰하기(Open, Observe)
계속하기(Proceed)

자신에게 연민을 가지고 친절하게 대하면서 유쾌하거나 불쾌한 사건에 대한 자신의 자동 반응을 계속 알아차릴 수 있는가? 마음챙김에 계속 헌신하고, 그것을 매일 공식적 또는 비공식적으로 실천하는 데 도움이 되는 것은 무엇인가?

4회기 및 5회기의 목표

수업의 목표는 스트레스란 무엇이며, 무엇이 스트레스를 만들어 내는지 이해하는 것이다.

- 느낌(유쾌함, 불쾌함, 중립적임)이 어떤 영향을 주는지 알아본다.
- 생각, 감정, 감각의 상호작용으로 인한 인과관계를 알아차린다.
- 부드럽게 수용하고 친절할 수 있도록 수련한다.
- 알아차림으로 자동 반응에서 벗어난다.
- 어떤 조건에서 어떤 반응 패턴이 나오는지 알아본다.
- 우리에게 선택권이 있다는 것을 깨닫는다.
- 계속 마음챙김 수련을 하고 온종일 마음챙김한다.

4회기의 예시는 스트레스를 살펴보고 개방적이고 평온하게 대처하는 것이 얼마나 어려운지를 강조하고 있다.

나는 사람들이 상쾌한 기분으로 수업에 들어오도록 몇 가지 스트레칭으로 수업을 시작하는 것을 좋아한다. 이렇게 하면 그날 일찍부터 있었던 생각과 감정을 놓아 버리는 데 도움이 된다. 나는 또한 집에서 하는 수련에 궁금한 점이 있는지, 사람들이 어떻게 했는지 확인한다. 다음은 4회기 수업의 예이다. 나는 수업 시간과 집에서 했던 앉기명상에 대해 물었다.

내 질문에 대해 어떤 여성이 첫 번째로 답을 했다. 그녀는 종종 시간을 독차지했고, 투덜대며 날카로운 말투로 말했다. 나는 그녀의 말투가 부정적이고 도전적이라고 여겼다.

"타이머를 맞춰야 하나요?"라고 그녀가 물었다.

그녀의 질문에 대답하고 싶지 않아서 나는 "어떻게 했나요?" 하고 되물었다.

그녀는 말했다. "시간이 있을 때는 했는데, 이번 주가 위기관리의 한 주였어요. 명상(앉아서 호흡에 주의를 두는 것)할 시간이 나면 잠깐 앉아서 하지만, 끝났을 때에는 얼마나 오래 했는지 몰랐어요. 분명 10분도 안 했을 거예요."

그녀가 말할 때 마지막 부분에서 목소리 톤에 변화가 있었다.

나는 그 변화에 주목하고 목소리 톤의 변화가 무엇을 나타내는지 물었다. 속으로 나는 이것이 통찰의 순간이 될 수 있다고 생각했다. 나는 그녀가 자신을 판단하고 있는지, 아니면 무엇이 '옳은지' 걱정하고 그것이 충분하지 않다고 생각하는지 궁금했다. 어쩌면 이것은 그녀의 패턴일지도 모른다. 그녀는 그것을 인식하고 그것이 자신에게 미치는 영향을 조사할 수 있었다.

그 여성은 내 질문을 무시하고 타이머를 맞춰야 하는지 다시 물었다. 나는 그녀에게 대답하라고 재촉하는 것이 도움이 되지 않을 것 같아서 타이머를 맞춰야 한다고 대답했다, 수련을 얼마나 할지 미리 결정해 두면 도움이 될 거라고 했다. 나는 또한 그녀가 바빴음에도 불구하고 명상을 한 것을 축하했다.

"하루를 지내는 중에 잠시 멈추고 당신이 할 수 있는 일을 한 것은 정말 훌륭합니다. 그 다음에는 무슨 일이 일어났습니까?" 나는 물었다. "당신이 일에 접근하는 방식이 달라졌는지 어떤 차이를 알아차렸습니까?"

그녀는 나의 질문에 맞는 대답을 하거나 자신을 돌아보지 않고 "그냥 계속했어요."라고 대답했다.

나는 대화를 하는 동안에 그녀를 어떻게 대해야 할지 모르겠다는 생각에 몸이 수축하는 느낌이 들었다. 그녀는 수업 중에 대부분 처음으로 질문을 하거나 발표를 했다. 나는 그녀와 연결감을 가지기가 어려웠고, 이런 식의 대화가 그녀에게도 다른 구성원들에게도 건설적인 도움이 되지 않으리라는 것을 알았다. 그녀는 또한 수업 시간을 많이 빼앗고 있었다. 이제 지도자로서 내가 선택해야 할 것이 있었다. 그녀에게 위기의 한 주였다고 이름 붙인 것과 그녀의 대응을 살펴보라고 해야 할까? 나는 내가 짜증이 나 있고 다른 사람의 이야기도 듣고 싶어 한다는 것을 알고 있었지만, 이번 주의 주제는 스트레스이고, 그녀에게 질문을 더 하는 것이 도움이 될 수 있기 때문에 계속하기로 결정했다.

나는 "주중에 도움이 되는 것이 있었습니까?"라고 물었다.

"다른 것은 할 시간이 없었어요. 그게 내가 한 거 다예요." 그녀는 다소 방어적으로 말했다. "금요일은 빼고요. 그날은 몸 전체에 바디스캔을 할 시간이 있었어요. 긴장을 푸는데 도움이 될 것 같아서 기대하고 있었는데 그만 공황 상태가 되어 버렸죠. (모두들 웃었다.) 그냥 당신 목소리를 끄고 잠을 자야 했어요."

나는 그녀의 말이 정말 웃겼다. 그녀는 재미있는 사람이었다. 나는 그녀와 함께 좀 더 이야기를 나누고 싶었고, 그 순간 짜증이 사라지며 자연스럽게 대응했다.

"말씀하시는 게 정말 재미있네요." (여전히 미소를 지으며 살짝 웃었다)

그녀는 계속 말했다. "바디스캔을 하는 내내 나는 당신한테 입 좀 다물라고 했어요." (그녀는 몸 전체에 바디스캔을 했다.) 당신이 발목 부분을 언급할 때에는 이렇게 했어요. "당신 입 좀 다물어요. 난 내 발목에 관심이 없어요. 난 지금 공황 상태라고요. 종아리 따위는 신경 안 써요. 입 좀 다물어 줄래요? 당신 목소리를 끄고 자러 가야겠어요."

나는 "그것이 도움이 되었습니까?"라고 물었다. "그 과정에서 알게 된 것이 있습니까? 있다면 무엇을 알게 되었습니까?"

"내가 통제권을 쥐고, 바디스캔 CD를 꺼버렸어요." 그녀는 나의 반응을 보기 위해 잠시 멈추었다.

목소리를 고르고 침착하게 유지하면서 나는 스트레스를 관리하는 데 있어서 통제권을 갖는 것이 중요하고 필요하다는 것을 확인했다. 그러고 나서 그녀가 저항 그 자체에 관심을 가질 수 있는지 그리고 그것이 통제 수단이 될 수 있는지를 물었다. CD를 끄는 것이 유일한 방법이었는가? 태도를 바꾸는 것은 어떨까?

나는 이 상황이 태도와 결과의 관계를 검토할 기회가 될 수 있다는 것을 알았다.

나는 바디스캔에 대한 반응과 그녀가 해야 할 일에 대한 반응이 익숙한 패턴인지 물어볼 수 있다는 것을 알고 있었다. 자신이 해야 할 일이라고 생각하는 일을 억지로 하지만 화를 내는 것이 그녀의 습관일까? 그 습관이 그녀의 피로와 소진과 연계되어 있으며, 어떻게 그녀의 저항이 고통을 지속시키고 있다는 사실을 그녀는 알 수 있었을까?

통찰로 이어진다고 느끼지 못하자 나는 그녀를 밀어부치거나 그녀가 수업 시간을 더 많이 빼앗도록 두고 싶지도 않았다. 나는 또한 이 상황에서 지나치게 애쓰고 싶지 않았고, 나 자신의 반응에 갇혀 있고 싶지도 않았다. 그래서 앞으로 나아가는 것이 더 낫다고 결정했다. 나에게 이런 생각이 들었을 때, 어떤 사람이 혼란스러울 때에는 몸으로 돌아가서 감각을 느낄 필요가 있다고 말했다.

"저는 매니저라서 가끔 사람들을 해고할 일이 생깁니다."라고 그는 말했다. "저는 이럴 때면 스트레스를 받을 것을 예상하고 해고할 사람에게 말하기 전에 호흡을 몇 번 하면서 마음을 진정시킵니다. 그러면 저는 스트레스 때문에 생기는 증상이나 불안감에 빠져 있지 않고 대화 상대와 함께 있게 됩니다."

그는 자신과 스트레스 상황을 파악하는 데 능숙했다. 자신의 몸에 귀를 기울이자 해고에 관한 말을 해야 한다는 생각에 심장이 더 빨리 뛰고 호흡이 빨라지는 것을 느꼈다고 했다. 이러한 변화는 그가 직원에게 온전히 집중할 수 있도록 진정하고 면접을 준비하라는 신호였다.

또 다른 사람은 새로운 파트너와 테니스 경기를 하기 전에 어떻게 S.T.O.P.를 사용했는지 말하기 시작했다. 그의 말이 끝나고 나서 스트레스를 받는 상황이라는 것을 알고 우리의 몸이 어떻게 조기 경보 시스템 역할을 하는지에 대한 토론이 이어졌다. 보통 불쾌한 느낌이 두려움과 불안감에 대한 생각을 활성화시키고 있었다. 이것을 인식하고 S.T.O.P.를 하면서 이러한 생각과 감각을 멈출 수 있었다. 그러고 나서 계속하는 것이 가능했다.

어떤 사람은 허리가 아팠던 경험에 대해 말했다. 그녀는 아픈 부위에서 느껴지는 감각에 주의를 두기 위해 노력했으며, 자신의 상태에 대해 떠오르는 어떤 생각을 파악했다. 그리고 생각을 멈추고 현재로 돌아와서 직접적인 경험에 초점을 맞추는 수련을 했다고 설명했다. 어떤 때에는 의자에 앉은 자세를 아는 것이, 다른 때에는 눈을 뜨거나 발이 바닥에 닿는 느낌이 직접적인 경험이었다고 했다. 그러고 나서 그녀는 통증으로 돌아와서 통증과 싸우지 않고 관심을 기울일 수 있었다.

"나는 통증이 내가 아니라는 사실을 깨달았습니다. 통증은 내가 누구인지 말해 주는 것도 아니고, 통증으로 내 인생이 지배될 필요도 없습니다. 아직도 통증이 있지만 이제 외출도 더 자주 하려고 합니다. 지난주에는 친구를 만나 차도 마셨습니다."

도전 과제들

- 반응하지 않고 방어 패턴 알아차리기
- 혐오와 저항의 영향 인식하기
- 불편함에 관심을 기울이고 탐색하기
- 불안이나 공황과 같은 스트레스를 만들고 지속시키는 생각과 감정의 영향을 알아차리기
- 수용 수련하기
- 인내와 신뢰, 친절과 연민 수련하기
- 뭔가 다른 일을 할 기회 잡기; 미지의 세계로 들어가는 것
- 모든 경험을 알아차리기 위해 노력 유지하기
- 현재에 존재하기
- 반복 및 수련–자기비판과 판단 없이 이 순간으로 반복해서 돌아오기
- 변화를 알아차리는 것은 가능하며, 실제로 이 글을 읽고 있는 순간에도 변화가 일어난다는 것을 알기

- 우리가 통제할 수 있는 것 배우기: 우리의 태도
- 우리의 인간성과 취약성을 인정하기
- 지지 받는 능력 기르기
- 현재 상황을 좋아할 필요는 없지만, 헛된 저항을 할 필요는 없다.

과도할 때 과도하다는 것을 알고; S.T.O.P.를 한다. 쉬고, 새롭게 하고, 다시 집중하는 것이 도움이 된다.

영감을 주는 말들

"고통의 새가 머리 위로 날아가는 것은 막을 수 없지만
머리 속에 둥지를 트는 것은 막을 수 있다."

– 중국 속담

"인간에게서 빼앗을 수 없는 한 가지는 주어진 상황에서 자신의 태도를 선택할 수 있는 능력이다."

– 빅터 프랭클, 홀로코스트 생존자, 『삶의 의미를 찾아서』

나는 나 자신에게 말한다. "삶과 삶 속에 있는 모든 것에 예라고 말하기."
나는 매일 여기 살아 있음에 감사한다! 그리고 감사를 수련한다.

스트레스: 심리학적 정의

연구심리학자 리처드 라자루스(Richard Lazarus)와 루스 포크먼(Ruth Folkman)은 스트레스는 사람과 환경의 관계에서 상호작용한다고 보았으며, 사람들이 자신이 가진 자원에 비해 대처하기 너무 힘들고 자신의 안녕을 위협하는 것으로 여기는 것

이라고 했다. 라자루스는 "개인이 동원할 수 있는 개인적·사회적 자원을 초과하는 요구"가 있다고 인식할 때 스트레스를 경험한다고 말했다.

사건 자체보다는 사건을 어떻게 해석하는가가 더 중요하다.

핵심 단어	
• 수요	• 평가
• 지각	• 관계

스트레스 반응–몸의 모든 체계에 영향을 미치는 자동 생리학적 반응

스트레스 반응은 원시적인 반응이고, 뇌의 더 원시적인 부분이 관여하고 있다. 이것은 너무 빠르게 작동하여 생각하는 뇌인 전전두피질이 반응할 수 없다. 이런 반응은 아드레날린이나 코르티솔 같은 호르몬을 재빨리 분비해서 우리의 팔과 다리로 피를 보내 도망가거나 싸울 준비를 하도록 해서 위협으로부터 우리를 보호한다. 이는 정상적이고 생존에 필요한 대응이다. 일단 위협적인 상황이 끝나면 우리는 이전의 균형 상태와 항상성 상태로 돌아가지만, 만약 외상 후 스트레스나 무섭거나 불안한 상황에서처럼 계속해서 위협을 느끼고 불안해하고 걱정한다면 우리는 지속적인 스트레스 상태에서 회복되지 않는다.

신체는 항상성 상태를 유지하려고 하므로 만성적인 스트레스에 적응은 하지만, 시간이 지남에 따라 신체 시스템은 영향을 받게 된다. 예를 들어, 다리가 부러져서 목발에 의지하거나 고관절 수술을 받아 몸의 다른 부분에 의존해서 움직이다가 보면 점점 다치지 않은 다리나 고관절도 아프기 시작한다.

만성 스트레스는 피로, 면역체계 기능 저하, 통증, 고통, 천식, 두근거림, 위장장애, 우울증, 불안 등을 유발할 수 있다.

마음챙김은 시간이 지나면서 우리가 언제 어떻게 신체적 또는 정신적으로 문제를 일으키는 상태가 되는지 알 수 있는 조기 경보 시스템 역할을 한다. 게리 슈워

츠(Gary Schwartz)와 쇼나 샤피로(Shauna Shapiro)는 마음챙김에 근거한 자기조절 모델을 다음과 같이 설명했다.

> 부주의 > 단절 > 부조절 > 무질서 > 편치 않음
>
> 하지만 의도가 있는 경우 다음과 같은 결과가 생긴다.
>
> 주의 > 연결 > 조절 > 질서 > 편안함

예를 들어, 만약 우리가 피곤하거나 배가 고픈데 그것을 무시하거나 밀어낸다면 거기에 따른 결과가 발생한다. 집중력이 흩어지고, 짜증이 나거나, 두통이 생길 수 있다. 부정적인 마음 상태도 마찬가지이다. 무슨 일이 일어나고 있는지 주목함으로써 몸이 우리에게 보내는 메시지에 주의를 기울이면 우리는 멈춰서 무엇이 필요한지 평가하고 더 효과적인 방법으로 진행할 수 있다. 만약 우리가 몸을 무시하거나 생각이 어떤 영향을 미치는지 알아차리지 못한다면 통제 불능 상태가 될 수 있다. 이 상태는 매우 익숙하고 스트레스가 만연해 있어서 무언가가 잘못되기 전까지는 알아차리지 못한다.

몸/마음의 연결

자신의 스트레스를 나타내는 이미지를 그리거나 찾아본다.

내가 왜 이러는 걸까? 나를 촉발하는 요인은 무엇인가? 생각? 냄새, 느낌? 특별한 상황?

자신에게 위협적이고 압도적이라고 생각되는 경험은 어떤 것이 있는가?

무언가 미래에 변하거나 잃는다면 두려운 것이 있는가?

스트레스 요인, 과거의 경험이나 미래에 일어날지도 모르는 일에 대한 예상으로 인해 어떤 걱정이나 두려움이 생기는가?

현재 스트레스 경험은 무엇인가?

스트레스 요인

생각

감정

감각

스트레스 요인에 이름을 짓고 신체에서 경험한 위치를 표시한다.

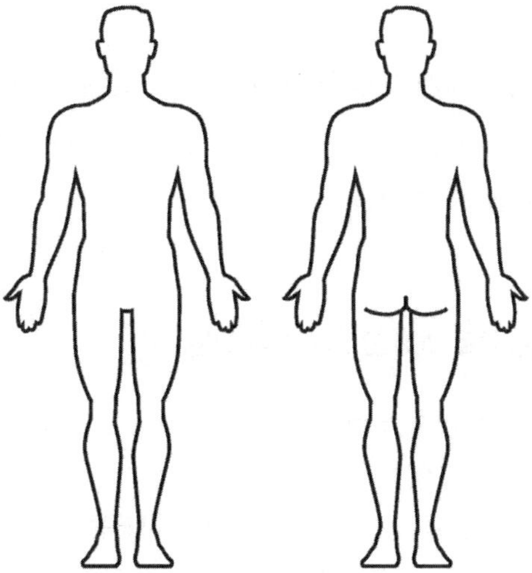

스트레스 요인 하나를 선택하여 그것이 언제 발생하는지, 몸 어디에서 느끼는지 주의를 기울인다. 스트레스 요인의 촉발 원인과 지속 시간, 빈도 그리고 결과를 기록한다.

글로 적거나 이미지로 표현한다.

스트레스에 대응하기

'대응한다'라는 말은 자동적이지 않고 신중히 고려한 후에 행동할 때 사용한다. 이것은 스트레스 요인과 그 반응(reaction) 사이에 공간을 두고 그 다음에 무엇을 할지 잠시 멈출 때 일어난다. 잠시 멈춤으로써 다시 생각하고 우리가 가진 자원에 접근할 수 있다. 우리는 문제를 해결하고, 다시 발판을 마련하고, 진정하고, 정서적으로 더 잘 대처할 수 있다. 프랭클은 다음과 같이 썼다. "그 공간에는 우리의 대응을 선택할 수 있는 힘이 있다. 우리의 성장과 자유는 우리의 대응에 달려 있다."

한 사람이 어떻게 대응할지는 그 사람이 어떤 의도와 가치관을 가지고 있는가와 연결된다. 모든 사람은 질병, 노화, 상실, 죽음을 피해 갈 수 없지만 각자 대응하는 방식과 자신만의 촉발점이 있다. 마음챙김은 이러한 자극과 자동적 패턴을 알아차리도록 하지만, 변화의 원동력이 되고 현명하게 대응할 수 있게 해 주는 것은 의도이다.

MBSR은 누군가에게 무엇을 해야 하는지 말해 주지 않지만, 어떻게 생각하고 느끼고 행동하는지에 관심을 기울이고 그 영향을 알도록 한다. 처음부터 변화에 대한 대응 능력은 각 개인 안에 있다.

충만한 삶을 위해 고려해야 할 질문

- 나에게 중요한 것은 무엇인가?
- 나의 가치관은 무엇인가?
- 나의 신념과 살아가는 방식은 얼마나 일치하는가?
- 나의 행동 · 생각 · 감정 · 신념의 영향은 무엇인가?
- 나는 윤리적이고, 사려 깊고, 건전하게 살고 있는가?
- 알게 모르게 다른 사람이나 나 자신에게 해가 되는 행동을 하는가?

물론 대응 능력은 매일 다르게 변하지만, 우리에게 친절과 연민, 인내심 그리고 마음챙김이 있다면 심각한 질병을 겪고 있을 때조차 평화를 경험하고 기쁨을 느낄 수 있다. 그로 인해 우리는 지금 여기에서 감사해야 할 것을 알 수 있다. 우리에게 주어진 삶 자체, 즉 미소, 촉감, 자연, 관계, 생각할 수 있는 뇌, 물 한 모금 또는 감각기관을 사용하는 능력, 듣고 보고 느끼고 깨어 있고 살아있는 것 모든 것에 감사하게 된다.

우리는 이러한 것들이 뭔가 잘못되기 전까지는 당연하게 주어진다고 생각한다. 마음은 영원하길 바라는 유쾌한 일이나 빨리 사라지길 바라는 불쾌한 일에 관심을 가지는 경향이 있다. 유쾌하지도, 불쾌하지도 않은 중립적인 일에는 어떠한가?

매일, 특히 내가 약간 지루하거나 불안할 때 나는 그 사실에 주목하고, 호흡을 하고, 그 순간이 평범하고 아무 일도 일어나지 않은 것에 감사할 것을 기억한다. 차는 잘 움직이고 있다. 우리에게는 수세식 화장실이 있다. 나의 관계 …… 그리고 나는 잠시 멈추고 위기가 없다는 것에 감사한다. 태양이 떠오르고 진다. 나는 깨어있다.

고려 사항

1. 우리는 모두 연결되어 있고 상호 의존적이다.
2. 우리는 서로 관계를 맺고, 고통을 포함한 우리 삶의 환경과 관계를 맺는 방식에서 변화를 만들어 낸다.
3. 기대는 고통을 유발할 수 있다.
4. 매 순간이 소중한 순간이다. 그것은 우리가 살아 있다는 것을 의미한다.
5. 지금 경험하는 것에 저항하면 불행이 지속된다.
6. 감정은 지각과 그에 따른 일련의 사건에 영향을 미친다.
7. 어렵거나 고통스러운 것을 수용하고 다가가는 것은 어렵지만 우리를 자유롭게 한다.
8. 변화는 일어난다.
9. 지지와 친절, 연민이 중요하다.
10. 우리는 태도를 선택할 수 있고, 그것은 변화를 가져온다.

알아차림이 있는 내버려두기 안내 명상

다음의 명상 내용을 소리 내어 읽으며 녹음을 하거나 익숙해지도록 읽어 본다. 이어지는 질문은 알아차림을 향상시킬 수 있는 안내 역할을 할 것이다. 관찰한 것을 기록하거나, 일지에 정리해 두거나, 머릿속에 기억해 둔다.
명상할 때에는 방해받지 않는 시간과 장소를 선택한다.

내버려두기 명상 안내문

몸이 편안한 상태로 시작하되, 허리를 펴고 위엄 있는 자세를 취합니다. 몸의 자세를 알아차립니다. 다리 위나 몸 옆쪽에 놓인 팔의 느낌, 바닥에 닿은 발의 느낌을 알아차립니다. 준비가 되면 호흡으로 주의를 가져가 숨이 이동하는 것을 살펴봅니다. 들숨과 날숨을 따라가며 호흡의 길이를 알아차립니다. 이때 생각, 감각, 감정, 예상한 일, 예상치 못한 일 등 어떤 일이 일어나든 가만히 지켜봅니다. 몸이 호흡을 하고 소리를 듣도록 내버려 둡니다. 여기 있는 어떤 것도 바꾸려고 하지 않습니다. 호흡을 하고 또 다음 호흡을 하며 있는 그대로 내버려 두면서 몸과 마음이 살아 있고, 둘 사이의 연결을 느낄 수 있다는 사실을 사랑하고 감사하는 마음이 듭니다.
원한다면 평온해지도록 평온함, 여기 있음, 살아 있음, 평화로움과 같은 단어를 쓸 수 있습니다. 편안함이라고 알아차린 것이 무엇이든 계속 반복합니다. 숨이 들어오고 나감에 따라, 느낌이 변함에 따라, 마음이 생각을 만들어 냄에 따라 마음의 움직임을 편안하게 관찰해 봅니다. 마음은 푸르고 맑은 광활한 하늘입니다. 날씨에 따라 구름이 몰려오기도 하고 지나가기도 합니다.
유쾌한 생각이나 감각을 부드럽게 느낄 수 있고 …… 불쾌한 것은 부드럽게 어루만질 수 있습니다. 유쾌하거나 불쾌하게 느껴지지 않는 중립적인 것에도 깨어 있도록 최선을 다합니다. 어려운 일이 일어날 수도 있고, 평온한 일이 일어날 수도 있습니다. …… 그저 내버려 둡니다. 각각의 호흡과 매 순간은 그 자체로 완전하고 충만합니다. 호기심과 경이로움으로 신선하고 새롭게 다음 순간으로 넘어갑니다.
생각이 떠오르고 또 생각이 사라질 것입니다. 감각을 느끼고 소리를 알아차리게 될 것입니다. 무언가에 사로잡혀서 생각이 자꾸 반복되고, 감각을 살펴보기에 너무 고통스럽다면 이것을 알아차리며 어루만져 봅니다. 아픈 부위에 손이나 팔을 대어 봅니다. 언제든 눈을 떠도 좋습니다. 여기, 이 순간, 이 호흡, 이 몸으로 되돌아오면서 다시 눈을 감습니다. 당신의 삶과 존재 속에서 부드럽게, 편안하게, 있는 그대로 온전하게, 전체적으로, 아름답게 그리고 여기 존재한다는 것을 떠올리기 위해서 당신이 선택한 단어를 반복할 수 있습니다.

한 호흡 한 호흡 내버려 두고, 즐거운 것을 받아들이고, 불쾌한 것은 안으로, 밖으로, 위로, 아래로, 지그재그로 흐르도록 내버려 두고, 살아 있음의 기적, 신경의 연결, 연결과 재연결 …… 평화가 자라게 하고, 이 순간 여기에 존재하며 쉬는 것 외에는 해야 할 것이 아무것도 없습니다. 여기 있는 자신을 친절하게 대합니다. 넓은 하늘로 마음을 엽니다. 움직이고 변화하지만 항상 존재하는 호흡을 알아차립니다. 생각, 감정, 감각이 그 무엇이든 당신은 완전한 존재입니다. 경험이 오고 가게 둡니다. 불안감, 지루함, 의심, 두려움, 분노가 오면 최선을 다해 그것을 환영하고, 그것으로부터 배우고 어떤 변화가 있는지 알아차립니다. 오고 가는 경험을 자연스럽게 내버려 두되, 그 순간에 머물면서 발이 바닥에 닿고 몸이 지탱되는 것을 느끼며 반복해서 균형이 잡히는 것을 느껴 봅니다. 준비가 되면 눈을 뜨고 새로운 눈과 가슴으로 새롭게 세상을 보도록 자세를 바꿔 봅니다. 평화로움. 평화로움. 평화로움.

명상에 대한 알아차림

호기심–무엇을 알아차렸는가? 경험한 생각, 감정, 감각에 이름을 붙일 수 있는가?

____

____

____

마음 열기, 살펴보기, 호흡과 함께하기 – 어려움 속에서 긴장 풀기

만약 불편하고 불쾌한 일이 생겼다면 반응하지 않고 친절하게 그것을 탐색할 수 있는가? 그 느낌은 어땠는가?

____

____

____

몸에서 경험했는가?

무엇을 느꼈는가?

어디서 느꼈는가?

지금 현재 경험하고 있는가?

그 경험은 무엇인가? 그것은 언제 일어났는가?

그것은 얼마나 오래 지속되었는가?

얼마나 익숙한가? 이런 일을 경험한 다른 때를 말할 수 있는가?

이것에 대해 쓰고 있는 지금은 무엇을 경험하고 있는가?

과정을 계속한다–다음에 무슨 일이 일어났는가?

유연한 태도–가정 확인하기

무슨 일이 일어나야 하는지 혹은 일어나지 말아야 하는지 기대하고 있었는가? 그렇다면 그것들은 무엇이었는가? 무슨 일이 일어났는가?

의미 명확히 하기

일어난 일을 어떻게 이해했는가? 그 일에 대해 생각했는가 아니면 호흡으로 돌아갔는가?

진정한 관심과 친절, 연민 보여 주기

친절과 연민의 필요성을 알게 된 특별한 때가 있었는가? 만약 그렇다면 무슨 일이 일어났는가?

친절과 연민의 경험은 어떠했는가?

알아차림 경험 속에서 얼마나 호기심이 있었는가? 집중하고 깨어 있는데 도움이 된 것은 무엇이었는가?

비판단

판단이 일어나도 스스로에게 친절할 수 있었는가? 그 판단이 일어났다면 얼마나 오래 지속되었는가?

판단이 신체적으로 어떻게 표현되었는가?

현재 순간 지금 무슨 일이 일어나고 있는가?

어제도 아니고, 그제도 아니고, 그 전날도 아니다.
내일이나 미래에 일어나는 일도 아니다.
지금 여기서 감사해야 할 것은 무엇인가?

대응하기: 스트레스 대처와 다루기

인간으로 살고, 수업을 듣고, 읽는 법을 배우고, 문제를 해결하는 데에는 많은 도전이 내재되어 있다. 지금 이 책을 읽고 있다는 것은 당신이 이러한 도전을 성공적으로 헤쳐 나갔다는 것을 의미한다. 그렇다고 인정하는가, 아니면 당연하다고 생각하는가? 자신의 스트레스 관리 능력이 어떻다고 평가하는가? 왜 그렇게 생각하는가?

자신을 마주하고 삶의 충만함을 기리게 하는 책도 있지만, 고통이나 상실에 직면하게 하고 마음을 열게 하는 책도 있다. 이러한 책을 선택하려면 어느 정도의 시간과 집중력이 필요할 뿐만 아니라 자원이 있어야 한다. 배움을 지속하려는 의지는 얼마나 멋진 것인가. 이것을 강점으로 인정할 수 있을까? 우리는 타고난 재능과 성장 능력을 너무나 자주 당연한 것으로 여긴다.

멈추기(Stop)
호흡하기(Take a breath)
마음 열기, 관찰하기(Open, Observe)
계속하기(Proceed)

잠시 시간 내기

미소 짓기

지금 여기 앉아 있는 자신을 소중히 여긴다.

자신에게 감사한 것 5가지 써 보기

1.
2.
3.
4.
5.

이것은 유쾌한가, 불쾌한가, 중립적인가? 그것의 영향은 무엇인가?

우리가 무언가에 대처할 수 있다고 믿느냐 안 믿느냐가 차이를 만든다. 과거의 경험을 바탕으로 미래의 가능성을 만들어 내기 때문이다. 지금 있는 우리의 관점은 여기 우리 앞에 그리고 우리 안에 있는 증거를 바탕으로 존재한다.

연구에 따르면, 스트레스에 건강하게 반응하면 회복력, 유연성, 돌봄, 연민, 공감, 관대함, 기쁨, 신뢰뿐만 아니라 더 빠른 상처 치유, 강인함, 강력한 면역체계 및 전반적인 안녕감이 촉진된다고 한다. 우리는 화는 나겠지만 더 빨리 회복될 것이다.

나의 환자 중 한 명은 딸이 학교에서 배운 표현을 인용한다고 했다. "가진 것에 감사하고 모든 것을 못 가진다고 화내지 말라."

우리가 그렇게 할 수 있다면 얼마나 좋겠는가.

임상심리학자 수잔 코바사(Suzanne Kobasa)는 1970년대에 몇 가지 연구를 했다. 그녀는 3년 동안에 비슷한 수준의 스트레스를 받는 경영진 그룹을 관찰하고 스트레스 요인과의 관계를 조사했다. 더 건강한 경험을 한 그룹은 그녀가 스트레스 강인성이라고 이름 붙인 태도를 지니고 있었다. 즉, 그들은 스트레스와 어려움을 도전으로 여기고 이 도전에 부응하기 위해 헌신하도록 동기 부여를 하고, 강한 내부 통제력이 있었다. 즉, 할 수 있다는 태도를 가지고 있었다.

또 다른 연구자인 이스라엘의 의료사회학 교수인 아론 안토노브스키(Aaron Antonovsky)는 살루토제네시스(salutogenesis, 환자의 회복을 돕기 위해서는 그 환자가 가진 질병을 일으킨 원인에만 초점을 맞추기보다는 건강과 안녕을 강화하는 쪽으로 의료적 접근을 꾀하는 것-역자 주)라고 불리는 삶에 대한 지향과 건강 사이의 관계를 조사했다. 그는 일관성이 스트레스의 관리 가능성, 즉 스트레스를 이해하고 대처하고 삶의 의미를 찾는 것과 관련이 있다는 것을 발견했다. 문화와 조건은 스트레스를 관리할 수 있느냐에 큰 역할을 한다. 매일 새로운 신경세포가 태어나고 새롭게 연결된다. 그래서 변화가 일어날 수 있다. 우리가 바로 반응하기보다는 잠시 멈추고 대응할 수 있는 공간을 준다면 몸은 항상성 상태로 돌아가서 우리의 생각하는 뇌, 즉 전전두피질이 관여할 수 있도록 한다. 신경과학에 대한 최근의 연구에서는 마음챙김이 안녕과 문제에 접근할지 또는 회피할지와 관련이 있는 전전두피질의 활동을 지원한다는 것을 보여 준다. 마음챙김은 해마(기억 및 학습과 관련된 영역)의 회백질의 성장과 재생을 지원하고, 자기 인식, 연민, 자기 성찰과 관련된 구조를 지원하며, 불안과 위협을 평가하는 편도체의 영역을 감소시킨다.

스트레스에 대처하는 공식은 없다. 마음챙김은 몸과 마음에 손전등을 비추어 그 순간의 경험에 우리가 어떻게 대응하는지 알게 한다. 계속 주의를 유지할 수 있는 능력과 판단하지 않고 배울 의도로 관찰하려는 의지는 스트레스 관리 능력에 영향을 미친다. 심리학자 리처드 라자루스와 수잔 포크먼(Susan Folkman)은 스트레스에 대처하기 위한 문제 중심적 · 정서 중심적 · 의미 중심적 대처 전략을 강조하며 인지와 지각 및 평가 측면에서 살펴보았다.

정서 중심적 대처 전략–마음챙김, 한 걸음 물러나기, 사건 재평가하기, 지지받기, 태도 바꾸기 등으로 충동 조절 같은 자기조절 전략을 배운다. 마음챙김은 중독 프로그램에서 충동 서핑(충동을 파도같이 일어났다 변화하고 소멸하는 것으로 보고, 그만두기를 원하는 행동이나 습관을 멈추기 위한 방법-역자 주)이라고도 불린다.

문제 중심적 대처 전략–문제를 해결 가능한 부분으로 세분화한다. 상황을 통제하고 문제의 원인을 관리할 수 있을 때 사용한다.

이야기: 좋고 나쁜 걸 누가 알겠는가

1900년대 초에 아내와 아들과 함께 사는 한 농부가 있었는데, 그는 매우 열심히 일했다. 그는 소유한 말이나 쟁기, 땅이 가족을 부양하기에 충분하고 약간의 여유도 있었지만, 만약 그것이 없다면 매우 곤란해질 것이다. 어느 봄날, 그가 새로운 작물을 심기 위해 밭을 갈던 중 그의 말이 고삐를 풀고 달아났다. 상황이 좋지 않았다. 새 말을 살 여윳돈은 없었고, 그의 이웃들과 친척들은 그에게 다른 말을 빌려줄 형편이 되지 못했다. 사람들은 농부에게 생긴 불행한 일에 대해 듣고 위로를 하러 왔다.

"정말 안됐네." 그들은 농부에게 말했다. "이거 정말 안됐어."

농부는 사람들이 위로하러 온 것을 고마워했지만 이렇게 말했다. "좋고 나쁜 걸 누가 알겠는가?" 그는 계속해서 자기 밭을 갈았다. 아내와 아들이 도와주고, 친구도 가끔 와서 도와주었지만 많은 시간이 걸렸다. 그는 더 일찍 일어나고, 더 늦게까지 일했다. 말이 없어서 빨리 밭을 갈 수는 없었지만, 그는 계속 밭을 갈았다. 몇 주가 지난 어느 날 아침, 그의 말이 다른 야생마 한 무리를 데리고 왔다. 그의 친구들은 "와, 너무 놀라운 일이야. 정말 잘됐네!"라고 말했다. 농부는 그들이 관심을 준 것에는 고마워했지만, "좋고 나쁜 걸 누가 알겠는가?"라고 말했다.

시간이 흐르고 농부는 여러 마리의 말과 잘살고 있었다. 농부는 가끔씩 필요한 사람에게 말을 빌려 주어 도움을 주었다. 그러던 어느 날 농부의 아들이 헛간으로 가서 새로 온 말들 중 아름다운 말 한 마리의 털을 손질하고 있었는데, 그 말이 발길질을 하여 아들의 다리가 부러졌다. 이것은 너무도 불행한 사고였다. 그 당시에는 현대적 수술을 할 수도 없었으니 소년은 장애가 생겨 잘 걸을 수도 없고, 밭에서 일을 할 수도 없었을 것이다. 사람들이 와서 나쁜 일이 일어난 것에 대해 위로하자 농부는 또 이렇게 말했다. "좋고 나쁜 걸 누가 알겠는가?"

시간이 흘러 농부의 아들은 다리가 부러진 것은 회복되었지만 여전히 절뚝거렸다. 그러다 전쟁이 나고 마을의 청년들이 다 징집되어 전쟁터로 나갔지만, 농부의 아들은 불편한 다리 때문에 끌려가지 않았다.

좋고 나쁜 걸 누가 알겠는가?

나는 스트레스에 대한 반응과 대응 그리고 대처 방식에 대해 말할 때에는 항상 이 이야기를 한다. "여러분 중에 뭔가 나쁜 일이 좋은 일로 바뀐 적이 있습니까? 어떤 일이 그랬습니까?"

손은 드는 사람은 언제나 있었다. 가끔은 이혼에 대한 이야기가 나왔는데, 그 당시에는 끔찍했지만 나중에는 훨씬 더 행복해졌다고 하는 사람도 있었다. 해고나 실업, 심지어 사고가 난 이야기도 나왔다. 한 여성은 부부가 은퇴 후 꿈에 그리던 집으로 이사를 했는데 한 달 만에 번개를 맞아 불타 버렸다고 했다. 그녀와 남편은 어쩔 수 없이 호텔로 갔는데, 그곳에서 만난 호텔 직원에게 자신들의 이야기를 들려주었다. 호텔 직원은 이 이야기를 듣고 무척 안됐다고 말하며 자신이 만난 다른 사람의 이야기를 들려주었다. 호텔에 머물고 있는 어떤 사람의 집에도 불이 났는데 그 사람은 집뿐만 아니라 남편도 잃었다고 했다.

이 이야기를 들었을 때 우리는 그 상황에서 느꼈을 공포감을 느끼며 침묵했다. 그녀는 직원의 이야기를 듣고 자신은 얼마나 다행인지, 얼마나 감사하게 느꼈는지 우리에게 말했다.

그녀는 "그 일 이후 제 인생이 달라졌습니다."라고 말했다. "그 이후 내가 가진 것에 감사하게 되었습니다. 저를 둘러싼 온 세상이 달라졌습니다."

나의 스승은 이렇게 말했다. "나는 살아 있다는 것을 매일 기억하는 것만으로도 충분하다." 나는 이런 관점을 유지하기 위해 재난을 경험할 필요는 없다고 생각한다. 그저 살아 있는 것으로 충분하다.

스트레스와 대처 전략

스트레스 요인 적기

스트레스 대처 방법: 정서 중심적 대처(나 자신에게 말한 것)

스트레스 요인을 평가하려고 사용한 형용사를 몇 개 적어 본다. 만약 스트레스 요인이 너무 부담스럽거나, 극복할 수 없거나, 좌절감이 든다면 그 사실이 당신이 스트레스 요인에 접근하는 방법과 당신이 한 일에 어떤 영향을 미쳤는지 적어 본다.

만약 스트레스 요인이 도전적이라고 평가했다면 무엇에 도전해야 하겠는가? 그 도전이 당신이 스트레스 요인에 접근하는 방법과 당신이 한 일에 어떤 영향을 미쳤는지 적어 본다.

S.T.O.P.

멈추기(Stop)
호흡하기(Take a breath)
마음 열기, 관찰하기(Open, Observe)
계속하기(Proceed)

무엇을 허용한다는 것은 어떠한 것인가?

작성한 내용을 읽고 추가 또는 삭제할 항목이 있는지 확인한다. 자기 비판적이고 판단적인 단어를 검토한 후 그 단어는 줄을 그어 지운다. 어떤 태도가 사용하는 데 도움이 되는가? 도움이 되는 이야기, 영감을 주는 읽을거리나 말이 있는가? 그것들은 무엇인가?

문제해결 : 문제에 이름을 짓고 해결을 위해 취할 수 있는 단계를 말한다.

이 전략에 변화를 주고 싶은가? 만약 그렇다면 그것들을 적어 본다. 당신은 이러한 변화에 전념하고, 그것들이 가능하다고 믿을 수 있는가?

표현치료 요법으로 스트레스 다루기

글쓰기는 예술처럼 강렬한 감정에 다가가 그것을 풀어내는 데 유용한 도구가 될 수 있다. MBSR 수업에 참여한 한 여성은 외상성 뇌손상을 입어서 말로 하는 안내 명상을 따라갈 수 없었지만, 고요한 상태가 되기 위해 호흡에 주의를 두거나, 한 단어나 짧은 문구를 사용할 수 있었다. 그런데 그녀가 주로 명상 상태가 되는 때는 예술 작품을 만들 때였다. 그녀는 색연필, 페인트, 잉크, 심지어 점토까지 모든 종류의 매체를 사용하였다. 예술 작품을 만들 때 형태와 색상은 자연스럽게 드러났으며, 그것들은 내면의 상태와 생각과 감정을 건강하게 표현하는 수단이 되었다. 그녀는 내면적인 것을 말로는 표현할 수 없었지만, 겉으로 드러낼 수 있었고, 이렇게 종이 위에 풀어놓는 과정으로 마음이 고요해졌다.

자신의 삶에서 스트레스를 일으키는 요인을 살펴보고 색연필, 크레용 또는 점토와 같이 작업하기 쉬운 재료를 선택한다. 자신이 선택한 종이나 다른 재료 위에 스트레스 요인을 형태로 나타내어 본다. 생각하거나 분석하지 말고 즉흥적으로 형태를 만들어 표현한다. 형태를 만들 때에는 원하는 만큼 크게 또는 작게 표현할 수 있다. 가능한 한 빨리 자신의 내면에서 일어나는 어떤 감정이나 생각을 거르지 말고 종이 위에 나타내도록 한다.
작업을 마친 후, 그것을 보면서 떠오르는 단어나 문구를 추가할 수 있다. 일지를 표현 도구로 쓴다면 그 내용을 일지에 적는다. 이 작업은 필요할 때마다 해도 좋다. 어떤 사람들은 일지를 글이 아닌 이미지로 그리기도 하는데 둘 다 괜찮다.

제7장

의사소통

6회기: 의사소통 공동체-참여와 경청

공식 명상이 끝난 후, 나는 가끔 사람들에게 잠시 멈춰서 방을 둘러보고 명상을 시작한 이후 달라진 점을 포함해 무엇이 눈에 띄는지 알아차리도록 요청한다. 알아차린다는 것은 정적인 것도 아니고, 기술적으로 무언가 하는 것도 아니다. 대신에 알아차림은 삶의 방식이라고 할 수 있는데, 필요할 때 필요한 것에 귀 기울이게 하고 이렇게 얻은 정보에 건설적으로 행동할 수 있도록 한다. 우리는 말을 할 때나 도전에 직면할 때 또는 다른 사람들과 상호작용할 때 항상 침묵하거나 천천히 움직이지는 않는다. 의사소통은 언어적 또는 비언어적으로 계속 이루어진다. 고립되고 분리되었다는 느낌은 스트레스의 원인이 되는데, 이는 인간이라면 누구나 가지는 느낌일 뿐 진정으로 혼자인 사람은 없다.

"옆 사람과 인사하세요".

나는 우리가 연결되어 있고, 공동체의 일부라는 것을 상기시키기 위해 수업에서 이렇게 요청한다.

"인사를 할 때 자기 목소리를 들어보세요. 그리고 서로 인사하며 옆 사람을 볼 때 그리고 말하는 것을 들을 때 느낌을 알아보세요."

인사를 하고 잠시 앉아 있는다. 그 후 몸이 말하는 것에 귀를 기울이며 서 있거나, 스트레칭을 하거나, 마음챙김 움직임을 한다.

> "항상 지금 이 순간이 요구하는 것에 귀를 기울이며 …… 지금 필요한 것에 귀를 기울여 보세요."

출석을 부르고 다시 서로에게 귀를 기울인다. 내가 그들의 이름을 크게 부르고, 그들은 "여기요." 또는 "예."라고 말할 때 우리는 서로의 소리를 듣고 목소리 톤에도 귀를 기울인다. 이렇게 수업에 참여한 사람들 사이에는 비언어적 연결이 이루어진다. 신체 언어는 기분과 감정을 나타내며, 말보다 더 많은 것을 표현할 수도 있다. 행동에서의 마음챙김이란 우리가 서로 존중하고 배려하며 다른 사람과 상호작용을 하면서 무엇을 말하고 어떻게 말하는가에 관한 것이다. 말을 하지 않는 것도 의사소통이다. 대화를 피하고 시선을 다른 곳으로 돌리는 것과 같이, 대화 사이의 공간, 잠시 멈춘 시간이나 침묵 또한 의미가 있다.

나는 항상 동기를 유지하고 하루 종일 마음챙김이 통합되도록 헌신하는 것이 어렵다는 것을 알고 있다.

의사소통(communication)은 함께한다는 공동체(commune)라는 단어에서 만들어졌다. 우리는 왜 의사소통을 할까? 나는 수업 시간에 질문을 한다. 무엇이 어떻게 전달되는가? 당신이 전하고자 하는 것이 올바르게 받아들이고 있는지 어떻게 아는가? 당신의 의사소통 방식은 어떠한 것인가? 당신은 적극적인가, 수동적인가, 공격적인가? 당신은 갈등을 피하는 편인가, 아니면 맞서 싸우는 편인가? 당신의 신체 언어는 무엇을 나타내는가? 당신은 자신이 하는 말과 그것의 효과를 얼마나 알고 있는가? 당신은 칭찬만큼이나 쉽게 비판을 받아들일 수 있는가? 알아차림이 커짐에 따라 우리가 어디에 주의를 두고 있는지 아는 능력도 커진다. 유리잔에 물이 반밖에 없는가, 반이나 있는가? 이러한 관점은 우리가 듣고 말하는 것에 어떤 영향을 미치는가?

의사소통 방식 - 공격적, 수동적, 적극적

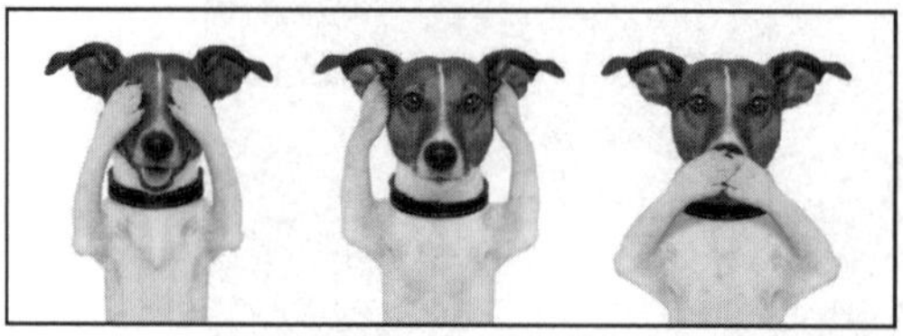

공격적

자신이 공격적이라고 상상하고 공간에서 자신의 위치와 자신이 화를 내는 대상과의 관계에 대해 자각하면서 공격적인 자세를 취해본다. 몸이 어떻게 느껴지는가? 지금 현재 감각과 생각 사이에는 어떤 상호작용이 있는가? 그것을 묘사하기 위해서 어떤 단어가 사용되었는가? 그 단어 뒤에 숨겨진 느낌과 공격적 행동의 결과는 무엇이었는가? 당신은 이러한 것이 얼마나 익숙한가? 누군가가 당신에게 공격적이었던 때를 떠올릴 수 있는가? 그때 결과는 어땠는가?

수동적

자신이 수동적인 상황을 설명해 본다. 수동적인 것은 어떤 느낌인가? 수동적으로 대응한다는 것은 어떤 것인가? 수동적인 느낌을 물리적으로 표현하고, 이것이 불러일으키는 생각과 감정 그리고 그와 연관된 감각을 알 수 있는가? 그 결과는 어떠한가? 이러한 방식이 익숙한가?

적극적

자신이 적극적이었던 때를 묘사해 본다. 다른 사람과 의견을 달리하면서도 존중하고, 자신의 의견을 명확히 표현할 수 있는 자세가 되도록 몸을 움직여 본다. 몸에 어떤 느낌이 있는가? 어떤 생각이 드는가? 떠오르는 감정이 있는가? 그 결과는 어떠한가? 이러한 방식이 익숙한가?

과제

오늘 의사소통을 하면서 느낀 감정에 집중한다. S.T.O.P.를 한다. 그리고 당신의 감정에 동반되는 신체적인 자세에 주목한다. 당신의 언어적 · 비언어적 표현, 즉 사용하는 단어, 어조, 속도, 눈맞춤, 다른 사람과 어떤 위치에 자리 잡고 있는가 등에 주목한다. 상대방에게 반응을 하는가, 상황에 맞게 조절하며 대응을 하는가? 결과를 적어 본다.

자세와 그에 따른 생각과 감정에 특히 주의를 기울이면서 편안한 의사소통과 불편한 의사소통에 대해 알아차린다.

현존하는 수련을 한다.

무조건 존중한다.

대인관계 마음챙김－다른 사람들과 함께하는 알아차림

"연결만이 ……"

－E. M. 포레스터

침묵으로부터 알아차림이 나타나고, 알아차림과 함께 마음챙김 의사소통이 가능해진다. 마음챙김 의사소통은 관계와 관련된 수련으로, 깊이 듣고 말하는 것을 포함한다.

대인관계 마음챙김은 그레고리 크레이머(Gregory Kramer)의 통찰대화(insight dialogue)를 기반으로 개발되었다. 웹사이트 www.metta.org에는 다음과 같이 쓰여 있다. "관계에서 즐거움을 갈망하는 사람들은 다른 사람들에게 보여지거나 존경받는 것 그리고 그들로부터 숨거나 달아나는 것에 매달리고 있다. 이것들은 모두 고통의 원인이 되며, 혼란스러움과 습관에 의해 지속된다." 이 대화법은 알아차림의 과정이 마음챙김 의사소통을 통해 이루어지는 것처럼 관계에 초점을 맞추고 있으며, 다음과 같이 수련할 수 있다.

- 잠시 멈추기－잠시 쉬면서 과거와 조건화된 습관을 버린다.
- 긴장 풀기－지금 하는 경험에 부드럽게 다가가 익숙해진다.
- 열기－허용하고, 수용하고, 친절하게 대한다. 개인적 의제는 없다.
- 일어나는 경험 신뢰하기－일어나는 일에 대해 믿음, 평온함 그리고 무상을 받아들인다.
- 경청하기－조용히 들으며 이해하려고 한다.
- 진실 말하기－도덕성, 상호성 및 마음챙김에 근거하여 말한다.

나는 마음을 고요히 할 수 있는 시간을 가지고 수련을 시작하라고 말하고 싶다. 마음이 안정되면 고통의 근원이나 고통을 덜어 주는 요소에 대해 성찰해 본다. 당신이 더 잘 이해하고 싶은 성찰의 주제를 선택한다. 그것은 언제, 어떻게 멈춰야 하는지 살펴보는 S.T.O.P.가 될 수도 있고, 자신에게 가장 소중하고 가치 있는 것이 될 수도 있다. 시간을 내어 주제를 선택한 다음, 멈출 의향이 있는 다른 사람을 초대해서 긴장을 풀고, 마음을 열고, 나타나는 것을 신뢰하고, 주의 깊게 듣고, 진실을 말하려는 의지로 마음챙김 말하기를 수련한다.

대인관계 마음챙김

더 알아보고 싶거나 배우고 싶은 주제를 선택한다. 그것은 자신에게 도전적인 내용이 될 수도 있고, 당신이 기르거나 강화하고 싶은 태도나 행동에 관한 것일 수도 있다.

- 먼저 말하는 사람과 듣는 사람을 정한다.
- 말하는 사람은 합의한 주제에 대해 이전의 지침을 사용하여 5분 동안 방해받지 않고 자유롭게 자발적으로 말할 수 있다.
- 듣는 사람은 들리는 말에 온전히 주의를 기울이고, 의견을 말하거나 고치려고 하거나 질문을 하지 않는다. 상대방이 말할 때 침묵을 지키며 자신의 내면에서 일어나는 일을 알아차린다.
- 잠시 멈춘다.
- 듣는 사람은 자신이 듣고 경험한 것을 해석하거나 비판하지 않고 되돌아본다(3분).
- 잠시 멈춘다.
- 말한 사람과 듣는 사람의 역할을 바꾸어 과정을 반복한다.
- 마지막으로 멈춘 후에는 두 사람 다 말할 기회를 가지고 서로 나눈 이야기에 대해 성찰한다.

대화 연습을 할 때, 한 번은 들은 내용을 해석하거나 수정하지 않고 들은 대로 말을 하고, 또 다른 한 번은 상대방의 말을 듣고 비언어적인 신체 언어에 대해 말을 한다.

온종일 수업: 수련하고 또 수련하기

온종일 수업 직전에는 불안감이 높아지는 경향이 있다. 참가자들은 하루 종일 침묵한 채 앉기명상, 걷기명상, 요가, 점심 식사를 하게 된다. 이렇게 온종일 현재에 존재하며 몸과 마음을 살피면서 미지의 세계로 들어가려면 두려움을 느끼는 것은 일반적이다. 이 수련은 6회기 이후에 주말 오전 9시에 시작하여 오후 4시에 마친다. 이후 수업은 두 번이 더 있다. 온종일 수업을 하는 의도는 수련을 더 확실히 하고 마음챙김이라는 공통 목표로 공동체의 에너지가 모이는 것을 경험하기 위함이다.

참가자들은 온종일 침묵하는 것을 견딜 수 있을지, 가만히 있어야 하는데 참을 수 있을지 걱정한다. 실패에 대한 걱정은 흔한 일이다. 마음을 열고 마음의 작용과 몸과의 연결을 관찰하는 것 외에는 아무것도 하지 않고 소망, 아픔, 실망, 성공 등 어떤 마음이 일어나든 수용하며 그 결과를 관찰하는 일은 두렵고 어려울 수 있다.

통증 환자들에게는 자신을 어떻게 돌볼지 의논할 시간이 주어지고, 필요하다면 떠나도 좋다고 말한다. 그래도 그들은 통증을 견딜 수 있다. 사람들에게 누워서 하는 수련이나 요가에 필요하면 옷을 겹쳐 입고, 베개, 담요, 매트 등을 가져오라고 말한다. 이 프로그램에 참여하고 있는 모든 사람은 물론이고, 이 프로그램을 마친 사람들도 수련을 새롭게 하도록 이 날 행사에 초대된다.

동료와 함께 온종일 수업을 수없이 진행했음에도, 나는 매번 감동을 받는다. 마음챙김이라는 미지의 세계로 뛰어드는 것은 용기 있는 일이고, 처음으로 하루 종일 공식적으로 온종일 수업에 참여하는 것은 헌신과 용기를 보여 주는 일이다.

수업은 온종일 여러 가지 명상을 하도록 짜여 있다. 서서 하는 요가로 시작하여 앉기명상, 더 많은 요가, 바디스캔, 지도자의 수련 경험 듣기, 침묵하며 점심 먹기, 자애명상, 또 다른 앉기와 걷기 명상이 있고, 날이 좋으면 밖에서 걷거나 휴식을 취하기도 한다. 하루가 끝나갈 무렵에는 마음챙김 말하기로 옮겨 간다. 마음챙김 말하기는 두 사람씩 조용히 대화하다가 4명의 소그룹을 만들고, 나중에는 전체 인원이 함께하게 된다.

오늘 하루가 어땠는가?

- 고문 같았다.
- 놀라웠다.
- 평화로웠다.
- 모르겠다.

온종일 수업이 있는 날은 쉽게 어떤 날이라고 이름을 붙이거나 묘사하기가 쉽지 않지만, 눈에 띄는 것은 그날 참여하고 해냈다는 데에서 드는 자부심이다. 하루 종일 머물렀다는 것 자체가 성취한 것으로 인정된다. 온종일 있는 동안 통증, 걱정, 지루함, 불안, 때로는 갑자기 떠오르는 회상 등 많은 어려움을 겪을 수 있다. 어떤 사람들은 도전에 대처하는 방법에 대한 선택권이 있다는 것을 알고 있고, 다른 사람들은 선택하지 않고 자동적으로 반응한다.

이날 하루는 자발적으로 생기는 많은 기분과 감정과 함께하면서 자동 반응을 발견하기에도, 내면 상태에 대한 보다 사려 깊은 대응 방식을 발견하기에도 충분한 시간이다. 마음뿐 아니라 몸에서 본능적으로 일어나는 일에 대한 반응이나 대응을 지켜보는 것은 배움에 있어 매우 효과적이다. 이 과정은 학문이 아니라 직접적인 경험에 근거한다. 우리에게는 혐오스러운 것을 받아들이고, 다시 초점을 맞추고, 회복하기 위한 수련 시간과 자원이 있다. 균형을 잃더라도 다시 찾게 된다.

집에 가서 수련하는 것은 또 하나의 도전이다. 8시간 후 마음은 생각보다 더 고요해져서 감성이 섬세해진다. 고요하고 평화로운 느낌이 든다면 그것을 붙잡고 싶겠지만, 붙잡을 것은 아무것도 없다. 오직 마음챙김을 계속하고자 하는 동기만 있을 뿐이다. 고요한 마음을 계속 길러 왔지만, 주차 요금을 내려고 기다릴 때나 주차장을 빠져나오는 순간 고요함은 바로 사라질 수 있다. 집에 가서 수련하는 것과 마찬가지로 운전은 또 다른 환경 속에서 주의를 필요로 하는 것이 된다. 모든 것이 모험이다.

스스로 집중수련하기(self-retreat)

반나절 또는 하루 종일 자신만의 마음챙김 수련을 계획한다. 방해받지 않도록 주변 사람들에게 온종일 수련을 하겠다고 알리고, 당신을 성숙하게 만들고 돌보기 위한 시간을 응원해 달라고 부탁한다. 이 시간 동안은 의무와 책임으로부터 자유로워지도록 한다.
조용하고 보호받을 수 있는 공간인지 확인하고, 방해받지 않고, 온도가 적당한 장소를 찾는다. 사용하기 편한 매트나 담요 그리고 의자나 방석을 준비한다. 일지를 쓴다면 공책과 연필을 준비하고, 필요하다면 베개도 준비한다. 만약 명상 안내를 듣고 싶다면 쉽게 사용할 수 있도록 준비해둔다. 또 영감을 주는 읽을거리를 준비해 둘 수 있다.
시간을 계획할 때에는 생활을 함께하는 다른 사람들이 당신을 도와줄 수 있는지 확인하고, 모든 관련된 사람들에게 편리한 시간으로 계획한다. 마음챙김 수련을 함께하는 다른 사람들과 같이할 수도 있다. 다음은 오전에 혼자 하는 집중수련 일정의 예이다.

집중수련 날짜 ____________________

8:30~9:00 장소와 모든 물품과 재료를 준비한다.
9:00~9:30 요가
9:30~10:00 앉기명상(이 순서는 바뀔 수 있지만 움직임과 앉기를 번갈아 한다.)
10:00~10:15 걷기명상
10:15~11:00 바디스캔
11:00~11:30 요가/스트레칭
11:30~12:00 앉기명상 또는 영적 독서
점심–휴식–일지 쓰기

연민과 자애명상

깨어 있으면서 알아차림한다는 것은 우리가 고통에 마음을 열고 다정하고 부드러운 마음으로 그것을 어루만진다는 것을 의미한다. 전통적으로 자애명상은 자신의 안녕을 바라는 것으로 시작하고, 그 소원을 다른 사람에게 확장한다. 처음에는 사랑하는 사람에게, 그다음에는 어떤 강한 감정을 불러일으키지 않는 사람에게, 보통은 당신이 흘끗 보거나 간단한 인사를 할지도 모르는 낯선 사람에게, 그다음에는 잘 지내기 어려운 사람에게 그리고 마침내는 모든 사람에게로 확장시킨다. 여기에는 지구와 지구상의 모든 생물이 포함된다. 문구는 매우 간단하며 다음과 같은 틱낫한 스님의 문구로 시작할 수 있다.

> "숨을 들이쉬며 나는 평온해집니다.
> 숨을 내쉬며 나는 미소 짓습니다.
> 지금 이 순간에 머무릅니다.
> 매우 소중한 순간입니다."

또는 영감을 주는 기도나 좋아하는 시인의 시도 좋다.

서구 문화에서는 자신에 대한 비난이 너무나 고질적이고 조건화되어 있기 때문에 종종 우리 자신보다 사랑하는 사람에 대한 마음을 불러들여서 이 명상을 시작하는 것이 더 쉽다. 사랑하는 사람을 떠올릴 때 그것은 마음의 눈에 비친 선명한 이미지일 수도 있고, 감각적인 느낌일 수도 있다. 때때로 그들의 목소리를 듣거나 냄새나 촉감을 기억하는 것도 가능하지만, 가장 중요한 것은 사랑이라는 감정과 그들이 안전하고, 보호받고, 행복하고, 건강하고, 고통으로부터 벗어나기를 바라는 소망이다.

준비가 되었다고 느낄 때, 그때그때 다르게 서두르지 말고 다른 사람의 안녕을 바라듯이, 자신의 안녕을 바라는 것도 허용한다. 자신의 존재를 받아들이고 그 존재를 마음에 안고, 자신이 돌보고 있는 어린아이인 것처럼 이 자아를 받아들인다. 원하는 만큼 이 명상을 한다. 이때 자신이 말하는 단어 뒤에 숨겨진 감정을 경험하지 못할 수도 있다.

그 반대 감정이 들 수도 있고, 슬픔이 일어날 수도 있지만 멈추지 않는다. 이 명상은 마치 정원을 가꾸고, 좋은 비료를 공급하며, 물을 주고, 번성할 수 있는 환경을 만드는 것이라고 생각해 본다. 원하는 만큼 오랫동안 이러한 소망을 자신에게 계속 보낼 수 있다. 충만감이 들고 준비가 되면 대상을 다른 사람으로 이동한다.

마음챙김에는 연민과 자애의 마음이 있다. 다음은 자애명상 수련 시 사용할 수 있는 문구이다. 다른 사람에게 친절과 보살핌을 보낼 수 있었던 것처럼, 자신에게도 똑같이 보내면서 자신의 내면에서 어떤 일이 일어나는지 알아본다. 마음에 와 닿지 않는 구절을 기계적으로 암기하며 반복하기보다는 공감이 가는 단어를 사용한다.

> "내가 안전하고 보호받기를
> 내가 행복하기를
> 내가 건강하기를
> 내가 편안하기를."

자애명상

자애명상을 할 때에는 가능한 한 편안한 상태에서 하고, 긴장되지 않고 편안한 자세를 취하는 것이 매우 중요하다. 자애명상을 하면 이로운 점이 많다. 안전하고 보호받을 수 있는 곳에서 기쁨과 사랑을 경험할 수 있고, 자신과 다른 사람들에게 더 친밀하고 진실하게 연결될 수 있다.

사랑과 친절은 연민의 마음을 가지게 하고 상대방을 이해할 수 있게 한다. 이로 인해 우리는 어려움 속에서도 버틸 수 있다. 이러한 특성은 이 과정을 더 신뢰하고 명상에서의 행복한 소망을 받아들일수록 더 강력해질 것이다.

눈을 감고 편안히 긴장을 푼다. 몸에서 어떤 느낌이 드는지 살핀다. 잠시 자신의 감정과 생각을 알아차린다. 생각과 감정을 그대로 내버려 두고 드넓은 푸른 하늘에 떠다니는 구름이라고 생각하며 지켜본다. 원한다면 몸에서 호흡을 느낄 수 있다. 호흡은 당신이 여기 있다는 것을 상기시킨다.

준비가 되었으면 가능한 한 따뜻하게 느껴지고 사랑의 감정을 불러일으키는 사람의 이미지를 떠올린다. 당신에게 사랑을 주고 친절하게 대한 사람, 당신에게 은혜를 베푼 사람을 떠올려 보라. 이 사람에게 다음의 소망이 가 닿기를 바란다.

> "그 사람이 행복하기를
> 그 사람이 건강하기를
> 그 사람이 안전하고 보호받기를
> 그 사람이 편안하기를."

소망하는 문구의 의미와 마음이 연결되는 것이 중요하다. 마음에 와닿는 단어가 있다면 바꾸어도 좋다. 자신이 보내고 싶은 소망에 대한 느낌이 있을 때까지 어느 정도 시간을 갖는다. 준비가 되었다고 느껴지면 자신의 건강과 행복, 안전과 편안함에 대해 소망할 수 있다.

원하는 만큼 시간을 갖는다. 다른 생각이 들어 마음이 방황한다면 부드럽게 자애명상 문구로 돌아와서 반복한다. 자애명상은 원하는 만큼 자주 해도 좋다. 이때 단어나 문구는 공감이 가고, 자신에게 의미 있고, 자신에게 말할 때 쉽게 연결감을 느낄 수 있는 것을 선택한다. 자애명상 문구는 사랑과 의도를 천천히 담아서 말한다. 이 문구를 반복해도 좋다.
자신이 떠올린 사람이 행복하고 편안하기를 바라는 마음을 온전히 보냈다는 만족감이 들면 자신에게도 그 문구를 반복한다. 부담이나 죄책감을 느끼지 말고 자유롭게 한다. 우리가 더 충만하고 행복하게 느낄수록 다른 사람에게 이런 마음을 보내기가 더 쉬워진다. 하고 싶은 만큼 시간을 갖는다.
원한다면 가끔 보는 사람들 또는 심지어 낯선 사람들같이 당신의 삶 속에서 중립적인 사람에게 그들의 안전과 보호, 정신적 · 육체적 행복과 편안함을 바라면서 이 명상을 계속할 수 있다. 이때 어떤 경험을 하는지 알아본다.
마음이 사랑과 친절, 연민과 기쁨으로 가득하다고 느껴지면 이제 이러한 소망을 관계가 어려운 사람에게 보낼 수 있다. 또한 자신의 모습 중 좋아하기 어렵거나 받아들이기 힘든 부분에 이러한 마음을 보낼 수도 있다. 이것은 부드럽고 조심스럽게 하되, 당신이 그렇게 할 준비가 되었다고 느낄 때에만 한다.
자신과 다른 사람들에게 당신이 원하는 만큼 자주 자애 문구를 계속 반복할 수 있다. 이때 애완동물, 식물, 자연, 모든 생물과 무생물, 보이는 존재와 보이지 않는 존재를 계속 추가할 수 있다. 이것은 어디에서든 할 수 있다. 중요한 것은 마음을 열고 친절과 연민의 마음으로 말하면서 당신과 자애 문구 간의 연결감을 느끼는 것이다.

기억하기: 판단하지 말고 자신에게 친절히 대한다. 스스로 필요한 것을 요구해도 되고, 이러한 소망을 자신에게 바라도 된다. 그러면 당신은 충만하고 평화로운 기분이 들 것이다. 이제 당신은 다른 사람들을 평화와 빛의 등대로 섬길 수 있을 것이다.

우리는 모두 함께 자애명상을 하고 있다. 우리 모두 평화롭기를.

제8장

일상생활 마음챙김

7, 8회기: 마음챙김을 일상생활로 가져가기

온종일 수업으로 8시간 동안 마음챙김 수련을 하고 수업에 복귀하면 새로운 목적 의식이 생기는 경우가 많다. 이러한 목적 의식은 수련에 힘을 실어 주지만 또한 자아와 생각의 패턴에 대한 많은 의문을 제기하기도 한다. 참가자들은 마음챙김의 날을 통해 온종일 몸과 마음을 알아차림 하는 것이 어렵다는 것을 발견하게 된다. 불안정한 것은 무엇이든 표면화될 수 있고, 혐오스럽다고 생각되는 것에 익숙해지고, 그것을 받아들이는 것은 어려운 일이다. 여기에는 연민과 꾸준한 주의가 요구된다. 이것들은 이제 막 자리를 잡기 시작했다.

온종일 수업은 그동안 수업 시간에 수련했던 내용을 보강하고, 집에서도 계속 관찰하고 반응하고 회복할 수 있도록 더 많은 공간과 방향, 시간을 제공한다. 수업이 끝나감에 따라 반추하는 것을 인식하고 오래된 사고 패턴을 버릴 기회에 관해 토의하게 된다.

마지막 두 수업에서는 현재의 순간이나 호흡과 같은 중립적인 대상에 다시 초점을 맞추고 되돌아오는 것을 반복하며, 이것이 일상생활에 접목되도록 강조한다. 이때 목표를 달성해야 한다는 절박감이 더 커질 수 있다.

수업이 끝나감에 따라 스스로 마음챙김을 지속할 수 없을 것 같다는 두려움이 나타난다. 또 같이 수업에 참여한 사람들에게 감사하게 되고, 경험을 공유함으로써 지지를 얻는다. 이를 통해 아무도 혼자가 아니며, 우리 모두는 인간의 속성을 공유한다는 것을 깨닫게 된다.

사람들은 마음챙김을 맛보았다. 수업이 끝나면서 생기는 과제는 이 맛이 일상의 자양분이 될 수 있도록 하는 방법이다. 이를 보호하고, 설명하고, 지원하는 지도자의 지침이 있었다면 이제는 각자 진정으로 그들 자신의 코치와 지도자가 되어야 한다. 많은 참가자가 불안이나 고통뿐 아니라 다양한 마음 상태를 안전하게 극복하는 경험을 했다. 사람들은 자신이 하는 생각의 영향을 직접 경험했다. 우리 생각이 우리 자신은 아니다. 중요한 것은 이것을 기억하는 것이다.

우리의 감정을 조절하는 데 알아차림은 중요한 부분이다. 우리는 알아차림을 하면서 자아 개념(개인이 가지고 있는 자신에 대한 견해로, 자신의 능력에 대한 견해뿐만 아니라 성격, 태도, 느낌 등을 모두 포괄한다—역자 주)을 재평가할 수 있고, 행동에서 반응을 촉발하는 원인을 알 수 있다. 자라면서 우리는 행동하고 생각하는 방법을 알게 되고, 그것은 우리가 누구인지 생각하는 것에 대한 이야기를 형성한다. 마음챙김을 통해 우리는 우리 시스템에 자리 잡은 신경 경로를 관찰하고, 이를 중단하고, 새로운 신경 경로를 마련할 수 있다.

잠시 멈추고, S.T.O.P.를 할 수 있다면 이러한 오래된 사고 패턴과 그로 인한 감정을 차단할 수 있다. 그 결과 새롭게 대응할 수 있는 공간이 생기고, 이어서 더 건설적으로 새로운 신경 경로가 형성된다. 프랭클이 상기시켜 주었듯이, 잠시 멈추는 곳이 성장이 일어날 수 있는 지점이다.

지각 영역이 넓어지면서 사건을 보다 현실적으로 평가하고 새롭게 증거에 기반한 사실을 채택하게 된다. 그러나 변화는 무섭고, 오래된 습관의 인식은 수치심과 두려움을 불러일으킬 수 있다. 이런 감정은 불안, 지루함, 혐오, 슬픔 같은 방어 상태를 키운다. 행복이나 심지어 평화도 방어 상태일 수 있다.

사랑과 수용으로 무언가 직면하는 것은 어떤 공식이나 어떤 수련보다도 중요하다. 8주 프로그램에 참여하여 영감을 받고 유용한 도구를 얻을 수 있지만, 이것은 평생학습의 시작에 불과하다. 당신의 삶에 마음챙김을 지속적으로 적용하는 방법과 마찬가지로, 무엇을 하고 어떻게 존재하는가는 마지막 두 수업에서 중요하게 생각하는 점이다.

MBSR의 마지막 2주의 대부분은 수련을 심화하고 일상생활에서 통합하도록 지원한다. 반복은 마음챙김을 기억하는 데 도움이 된다. 따라서 우리는 7회기와 8회기에 모든 수련을 다시 해 보면서 반복한다. 새로운 신경 경로를 구축하기 위해서는 반복이 필요하다. 주의를 조절하는 힘은 몸과 마음에서 지금 일어나는 것을 직접 경험해야 한다는 것을 기억하면서 강화된다.

7회기 수업에서는 온종일 수업에 대해 질문을 많이 한다. 이 무렵 수업은 정직하고 진실하게 수련하는 사람들의 공동체가 되어 있다. 사람들은 두려움과 갈망을 인식하고 이름을 붙인다. 각자는 나름대로 고군분투하지만, 삶이 더욱 명확하고 친절하게 그리고 객관적으로 펼쳐지면서 삶의 진실을 마주하기 위해 노력한다. 가장 중요한 질문 중 하나가 "내가 제대로 하고 있는 걸까? 난 아직도 ……"이기 때문에 온종일 수업에 대해 질문하는 것은 도움이 된다.

사람들이 그들의 마음이 방황하거나, 산만하고, 반추하게 되는 디폴트 모드에 있을 때 호흡과 같은 대상으로 다시 주의를 돌릴 때마다 나는 "훌륭합니다!"라고 말하게 된다. 사람들은 그들의 생각이나 자동적이고 조건화된 반응에 좌우될 필요가 없다는 것을 배우고 있다. 생각이나 감정의 강물 속에 머무르지 않고 강둑에서 휴식을 취하면 선택의 폭이 넓어지고 통제력이 향상된다.

촉발점을 인식하면 신념의 타당성과 신념을 뒷받침하는 생각을 재검토하기 위해 S.T.O.P.를 할 수 있다. 긴장되고 반응하게 된다는 몸의 말에 귀를 기울이고 하던 일을 잠시 멈추거나 그만두면 우리에게 필요하고 가능한 것을 관찰하고 평가할 수 있는 시간과 공간이 생긴다. 그것은 힘을 싣는다. 수련을 계속한다는 것은 호흡이나 중립적인 어떠한 것이든 주어진 대상에 지속적인 주의를 기울이고, 계속 그렇게 할 것을 반복해서 기억하는 것이다. 이때 강조되는 주제는 "수련을 계속하는 데 도움이 되는 것은 무엇인가?"이다.

우리는 마음챙김으로 우리가 무엇을 하든 깨어 있고 의식하고 효과적으로 행동할 수 있지만, 여기에는 지속적인 노력이 필요하다. 일단 수업이 끝나면 수련을 유지하는 것이 도전이 되고, 문제는 어떻게 하는가이다.

어떻게 일상생활에서 마음챙김을 계속할 수 있는가? 기억하면 도움이 되는 사항

자신의 생각에 좌우될 필요가 없다

마음챙김은 선택과 통제, 감정 조절, 대응 능력의 범위를 넓혀 준다.

우리는 우리가 생각하는 것 이상이다

오래된 이야기와 조건화된 결과에서 벗어나 자유롭게 사실에 근거한 우리 자신이 된다.

우리는 다른 방식으로 접근할 수 있다

뛰어난 회복력과 유연성으로 보다 효과적으로 대처할 수 있다.

관점이 넓어지고 변화할 수 있다

한 걸음 뒤로 물러서서 더 선명하고 덜 편향된 렌즈로 보면 곤경에서 벗어날 수 있다.

친절은 필수이다

자신에게 더 연민을 느끼고, 우리가 바라는 것이 다르다는 사실을 받아들이면 보편적인 인간의 조건을 공유하는 데 도움이 되고 마음을 열 수 있다.

지속적인 마음챙김

공식 수련

1. 공식 수련을 위해 규칙적인 시간 약속을 한다. 미리 결정하고 다이어리나 전자 달력에 써 놓을 수 있다.
2. 얼마나 오래 할지 시간을 결정하고 타이머를 설정한다.
3. 명상이나 요가를 위해 안전하고 편안하며 보호받을 수 있는 특별한 장소를 확보한다.
4. 바디스캔, 앉기명상, 걷기명상, 요가 중 어떤 것을 할지 결정한다. 만약 필요하다면 이어폰, CD, 담요, 방석 또는 매트를 준비한다.
5. 가족과 이야기하여 협조를 구하고, 정해 놓은 명상 시간이 괜찮은지, 존중받을 수 있는지 확인한다.

수련에 대한 약속을 새롭게 하고 그것을 적는다

____

____

____

비공식 수련

1. 매일 그리고 매 순간이 수련의 기회이다. 우리는 MBSR 1회기 수업에서 참가자들에게 건포도를 주고 그것을 처음 보는 것처럼 새로운 시각으로 살펴보고 매우 천천히 마음챙김하며 먹어 보라고 했다. 집에서 하는 수련으로는 비슷한 방식으로 식사 시간의 일부를 마음챙김하며 먹는 것이다. 식사 시간 내내 그렇게 할 필요는 없다. 한 숟가락만 해도 된다. 집에서 수련할 때에는 요리나 심지어 스파게티에 관심을 두고 주의를 기울일 수도 있다. 눈으로 채소나 과일의 모양과 색을 살펴보고, 두드릴 수 있다면 손가락으로 두드려서 얼마나 단단한지 어떤 소리가 나는지 알아보고, 코로 냄새를 맡고 바구니에 넣는다. 이런 동작을 할 때 내 안에서의 명령을 알아차리고, 그것이 어떻게 어깨나 팔, 손을 움직이고, 음식을 냉장고에 넣거나 맛을 보고 그것을 먹기 시작하는 것으로 해석되는지 주목하라. 이것은 한

가지 예이지만, 일상생활 속에서 평범하고 빈번한 규칙적인 활동을 중심으로 수련의 기회는 무수히 많다.

2. 또 다른 예는 아침에 일어날 때 알아차림을 하는 것이다. 일어났을 때의 기분, 처음으로 드는 생각, 매트리스나 베개의 감촉, 몸의 느낌을 알아보고, 잠자리에서 어떻게 나오는지도 알아차린다. 그다음에는 무슨 일이 일어나는가?
3. 이를 닦거나 주스를 만드는 것에 주의를 기울일 수 있다.
4. 집에 오면 제일 먼저 무엇을 하는가? 집에 들어서는 순간을 주목하고, 자신을 반겨주는 대상과 함께하며 미소 짓는 시간을 가진다!

직장에서의 마음챙김

1. 당신은 직장에서 어떤 활동을 반복하는가? 그 행동을 알아차리고, 그것이 S.T.O.P. 에 대한 신호가 되도록 하고, 잠시 멈추고 재충전하는 시간을 갖는다.
2. 컴퓨터 앞에 앉아 있을 때, 컴퓨터를 켜기 전이 마음챙김 순간이 될 수 있는가?
3. 휴대폰을 보고 싶은 충동이 생기면 호흡 마음챙김을 할 수 있는가?
4. 문자 메시지가 왔다는 소리를 들을 때, 이것이 마음챙김 순간이 될 수 있는가?
5. 이 목록에 추가하여 S.T.O.P.를 기억하고 마음챙김할 수 있도록 눈에 보이는 곳에 붙인다.
6.
7.
8.
9.
10.

기억할 것

나의 의도: ______________________________

나의 약속: ______________________________

일상의 마음챙김을 위해 자신의 삶이 지향하는 짧은 문구나 영감을 주는 명언, 인용문, 책과 그림을 추가할 수 있다.

예: • 삶 자체와 삶 속에 존재하는 모든 것에 대한 긍정
• 내가 걱정하는 것은 죽는다는 것이 아니라, 지금 어떻게 사는가이다.
• 친절을 기억하라.
• 나는 가치 있는 존재이다.

나에게 영감을 주는 말과 내 삶 속에서 지향하는 문구

여기까지 오신 것을 축하합니다.

나의 명상 계획

몇 주차 ______________

	일요일	월요일	화요일	수요일	목요일	금요일	토요일
시간과 명상 종류							
장소							

몇 주차 ______________

	일요일	월요일	화요일	수요일	목요일	금요일	토요일
시간과 명상 종류							
장소							

몇 주차 ______________

	일요일	월요일	화요일	수요일	목요일	금요일	토요일
시간과 명상 종류							
장소							

몇 주차 ______________

	일요일	월요일	화요일	수요일	목요일	금요일	토요일
시간과 명상 종류							
장소							

나 자신에게 보내는 메시지

이 책의 워크시트는 www.pesi.com/MBSR에서 다운로드할 수 있습니다.

참고문헌

[도서]

Begly, Sharon. (2007). *Train your Brain, Change your Mind*. New York: Ballantine Books.

Baer, Ruth. (2014). *Mindfulness based treatment approaches (second edition): The clinicians guide to evidence base and applications*. London: Elsevier.

Boone, M. S. (2014). *Mindfulness and Acceptance in Social Work: Evidence-based interventions and emerging applications*. Oakland, CA: New Harbinger Publications.

Brewer, Jud. (2017). *The Craving Mind*. Yale University Press.

Competence in Teaching Mindfulness-Based Courses: Concepts, Development and Assessment. Crane, Kuyken, Williams, Hastings, Cooper & Fennell, 2012.

Cappy, Peggy. (2006). *Yoga for All of Us: A modified series of traditional poses for any age and ability*. New York: St. Martin's Press. [Also see Peggy Cappy DVDs for yoga adaptation.]

Cullen, M. & Brito, G. (2015). *The Mindfulness-Based Emotional Balance Workbook: An Eight Week Program for Improved Emotion Regulation and Resilience*. Oakland: New Harbinger.

Fabrizio, Didonna. (2009). *Clinical Handbook of Mindfulness*. Springer.

Fischer, Norman. (2012). *Training in Compassion*. Shambhala, Boston.

Germer, Christopher. (2009). *The Mindful Path to Self-Compassion*. Guilford Press, New York.

Germer, C. K., Siegel, R. D., & Fulton, P. R. (2013). *Mindfulness and Psychotherapy: Second edition*. New York: Guilford.

Greenland, Susan Kaiser. (2016). *Mindful Games*. Shambhala, Boulder.

Hayes, S. C., Follette, V. M. & Linehan, M. M. (Eds.). (2004). *Mindfulness and acceptance:*

Expanding the cognitive-behavioral tradition. New York: Guilford Press.

Hick, S. F. (Ed.). (2009). *Mindfulness and Social Work*. Chicago: Lyceum.

Kabat-Zinn, J. (1994). *Wherever you go, there you are: Mindfulness meditation in everyday life*. New York: Hyperion.

Kabat-Zinn, J. (2013). *Full Catastrophe Living (Revised Ed.)*. New York: Bantam Books.

Kramer, Gregory. (2007). *Insight Dialogue*. Shambhala, Boston.

Kristeller, Jean. (2015). *The Joy of Half a Cookie*. A Perigee Book.

Linehan, M. M. (1993a). *Cognitive-behavioral treatment of borderline personality disorder*. New York: Guilford Press.

Linehan, M. M. (1993b). *Skills training manual for treating borderline personality disorder*. New York: Guilford Press.

McBee, L. (2008). *Mindfulness Based Elder Care*. New York: Springer.

McCown, D., Reibel, D. K., Micozzi, M. S. (2010). *Teaching Mindfulness*. Springer

Neff, Kristin. (2011). *Self-Compassion*. Harper Collins

Peltz, Lawrence. (2013). *The Mindful Path to Addiction Recovery*. Trumpeter.

Pollak, Susan, Pedulla, Thomas, & Siegel, Ronald. (2014). *Sitting Together*. Guilford.

Ram, Dass. (2000). *Still Here, Embracing Aging, Changing, and Dying*. New York: Riverhead Books.

Remen, Rachel Naomi. (1996). *Kitchen Table Wisdom*. New York: Riverhead.

Rosenbaum, Elana. (2005). *Here for Now: Living Well with Cancer through Mindfulness*. New York: Satya House.

Rosenbaum, Elana. (2012). *Being Well (even when you're sick): Mindfulness Practices for People Living with Cancer And Other Serious Illnesses*. Boston: Shambhala.

Rosenbaum, Robert, & Magid, Barry. (2016). *What's Wrong with Mindfulness (and what isn't)*. Wisdom Publications, Boston.

Salzberg, S. (2004). *Lovingkindness: The revolutionary art of happiness*. Shambala.

Santorelli, Saki. (1999). *Heal Thy Self, Lessons on Mindfulness in Medicine*. Bell Tower, New York, NY.

Sapolsky, R. (2004). *Why zebras don't get ulcers (Third Ed.)*. New York: Holt Paperbacks.

Sears, D., Tirch, D., & Denton, R. (2011). *Mindfulness in Clinical Practice*. Professional Resource Press.

Sears, Richard W. (2014). *Mindfulness: Living through Challenges and Enriching Your Life in This Moment*. Wiley & Sons.

Segal, Z. V., Williams, J. G., & Teasdale, J. D. (2003). *Mindfulness-Based cognitive therapy for depression: Second edition*. New York: The Guilford Press.

Shapiro, S. L., & Carlson, L. E. (2009). *The Art and Science of Mindfulness: Integrating mindfulness into psychology and the helping professions*. Washington, DC: American Psychological Association.

Siegel, Ronald D. (2009). *The Mindfulness Solution*. Guilford Press.

Stahl, Robert, Goldstein, Elisha, & Kabat-Zinn, Jon. (2010). *MBSR Workbook*, New Harbinger.

Stahl, B., Meleo-Meyer, F., & Koerbel, L. (2014), *A Mindfulness-Based Stress Reduction Workshop for Anxiety*. New Harbinger.

Teasdale, John, Williams, Mark, & Segal, Zindel. (2014). *The Mindful Way Workbook*. Guilford Press.

van der Kolk, B. (2014). *The Body Keeps Score: Brain, mind, and body in the healing of trauma*. New York: Viking Penguin.

Willard, Christopher. (2010). *Child's Mind*. Parallex Press, Berkeley.

Willard, Christopher. (2016). *Growing Up Mindful: Essential Practices to Help Children, Teens, and Families Find Balance, Calm and Resilience*. Sounds True.

Williams, Mark, & Kabat-Zinn, Jon. (2013). *Mindfulness: Diverse Perspectives on its Meaning, Origins and Applications*. Routledge.

[연구자료]

Kabat-Zinn, J. (2011, May). Some Reflections on the Origins of MBSR, Skillful Means and the Trouble with Maps. *Contemporary Buddhism*, Vol. 12, No. 1.

Garrison, K. M. and Brewer, J. A. "Quieting the mind: meditation leads to decreased activation in self-referential nodes of the default mode network beyond general task-based deactivation." (under review). *Center for Mindfulness in Medicines, Health Care, and Society*.

Brewer, J. A. (2014). "Mindfulness in the Military." *Am. J. Psychiatry, 171*: 803–6.

Garrison, K. M., Scheinost, D., Constable, R. T., and Brewer, J. A. "Neural activity and functional connectivity of loving kindness meditation." *Brain and Behavior,* PMC: 4(3) 337–347. open access journal.

Brewer, J. A. Garrison, K. M., and Whitfield-Gabrieli, S. (2013) "What about the 'self' is processed in the posterior cingulate cortex?" *Frontiers in Human Neuroscience,* 7: 647.

Garrison, K. M., Santoyo, J. F., Davis, J. H., Thornhill IV, T. A., Thompson, Kerr, C. E., Brewer, J. A. (2013) "Effortless awareness: using real-time neurofeedback to probe correlates of posterior cingulate cortex activity in meditators' self-report." *Frontiers in Human Neuroscience,* 7: 440.

Holzel, B. K., Lazar, S. W., Gard, T., Schuman-Oliver, Z., Vago, D. R., Ott, U. (2011, October). "How Does Mindfulness Meditation Work? Proposing Mechanisms of Action From a Conceptual and Neural Perspective". *Perspectives on Psychological Science,* 6(6)537–559, http://pps.sagepu

Schuman-Olivier, Z., Hoeppner, B. B., Evins, A. E., Brewer, J. A. (2014, April). "Finding the right match: Mindfulness training may potentiate the therapeutic effect of nonjudgment of inner experience on smoking cessation." *Substance Use and Misuse,* 49(5): 586–94.

Brewer, J. A. and Garrison, K. M. (2014, January). "The posterior cingulate cortex as a plausible mechanistic target of meditation: Findings from neuroimaging." *Annals of N Y Acad Sci,* 1307: 19–27.

Garrison, K. A., Scheinost, D., Worhunsky, P. D., Elwafi, H. M., Thornhill IV, T. A.,

Thompson, E., Saron, C., Desbordes, G., Kober, H., Hampson, M., Gray, J. R., Constable, R. T., Papademetris, X., Brewer, J. A. (2013, November). "Real-time fMRI links subjective experience with brain activity during focused attention." *NeuroImage,* 81: 110–118.

Elwafi, H. M., Witkiewitz, K., Mallik, S., Thornhill IV, T. A., Brewer, J. A. (2013, June). "Mechanisms of mindfulness training in smoking cessation: moderation of the relationship between craving and cigarette use." *Drug and Alcohol Dependence,* 130(1–3): 222–29.

Brewer, J. A., Davis, J. H., Goldstein, J. (2013, March). "Why is it so hard to pay attention, or is it? Mindfulness, the factors of awakening and reward-based learning." *Mindfulness,* 4(1).

Brewer, J. A., Elwafi, H. M., Davis, J. H. (2013, June). "Craving to Quit: psychological models and neurobiological mechanisms of mindfulness training as treatment for addictions." *Psychology of Addictive Behaviors,* 27(2): 366–79.

Libby, D. J., Worhunsky, P. D., Pilver, C. E., Brewer, J. A. (2012, March). "Meditation-induced changes in high-frequency heart rate variability predict smoking outcomes." *Frontiers in Human Neuroscience,* 6: 54.

Brewer, J. A., Worhunsky, P. D., Gray, J. R., Tang, Y. Y., Weber, J., Kober, H. (2011, December). "Meditation experience is associated with differences in default mode network activity and connectivity." *Proceedings of the National Academy of Sciences of the United States of America,*13;108(50).

Brewer, J. A., Mallik, S., Babuscio, T. A., Nich, C., Johnson, H. E., Deleone, C. M., Minnix-Cotton, C. A., Byrne, S. A., Kober, H., Weinstein, A. J., Carroll, K. M., Rounsaville, B. J. (2011, December). "Mindfulness Training for smoking cessation: results from a randomized controlled trial." *Drug and Alcohol Dependence,* 1;119, (1–2): 72–80.

Brewer, J. A., Bowen, S., Smith, J. T., Marlatt, G. A., Potenza, M. N. (2010, October). "Applying Mindfulness-Based Treatments to Co-Occurring Disorders: What Can We

Learn From the Brain?" *Addiction,* 105(10): 1698–1706.

Brewer, J. A., Sinha, R., Chen, J. A., Michalsen, R. N., Babuscio, T. A., Nich, C., Grier,A., Bergquist, K. L., Reis, D. L., Potenza, M. N., Carroll, K. M., Rounsaville, B. J. (2009, Oct–Dec). "Mindfulness Training and Stress Reactivity in Substance Abuse: Results from A Randomized, Controlled Stage I Pilot Study." *Substance Abuse,* 30 (4): 306–17.

Brewer, J. A., Grant, J. E., and Potenza, M. N. (2008, March). "The Treatment of Pathologic Gambling." *Addictive Disorders and Their Treatment,* 7(1): 1–13.

Brewer, J. A. and Potenza, M. N. (2008, January). "The neurobiology and genetic of impulse control disorders: Relationships to drug addictions." *Biochemical Pharmacology,* 75(1): 63–75.

Brewer, J. A., Worhunsky, P. D., Carroll, K. M., Rounsaville, B. J., Potenza, M. N. (2008, December). "Pre-Treatment Brain Activation During Stroop Task is Associated with Treatment Outcomes in Cocaine Dependent Patients." *Biological Psychiatry,* 1;64(11): 998–1004.

Grant, J., E., Brewer, J. A., Potenza, M. N. (2006, December). "Neurobiology of Substance and Behavioral Addictions." *CNS Spectrums* 11(12): 924–30.

The American Mindfulness Research Association, www.goamra.org – Monthly database for mindfulness research.

[기사]

Barnes, N., Hattan, P., Black, D., Schuman-Olivier, Z. (2016, October). An Examination of Mindfulness-Based Programs in US Medical Schools. *Mindfulness*, (DOI 10.1007/s12671-016-0623-8)

Crane, R. S., Kuyken, W., Williams, J. M. G., Hastings, R. P., Cooper, L., & Fennell, M. J. V. (2012, March).Competence in Teaching Mindfulness-Based Courses: Concepts, Development and Assessment. *Mindfulness* 3(1); 76–84.

Epstein, R. M. & Back, A. L. (2015). Responding to suffering. *JAMA,* 314(24): 2623–

2626.

Epstein, R. M. (1999, September). Mindful Practice. *JAMA,* 1;282(9): 833–839.

Geiger, P.J., Boggero, I. A., Brake, C. A., Caldera, C.A., Combs, H. L., Peters, J. R. & Baer, R. A. (2016, April). Mindfulness-Based Interventions for Older Adults: a Review of the Effects on Physical and Emotional Well-Being. *Mindfulness,* 7(2): 296–307.

Hofmann, S. G., Grossman, P. & Hinton, D. E. (2011, November). Loving-kindness and compassion meditation: Potential for psychological interventions. *Clinical Psychology Review,* 31(7): 1126–1132.

Kallapiran, K., Koo, S., Kirubakaran, R., & Hancock, K. (2015). Review: Effectiveness of mindfulness in improving mental health symptoms of children and adolescents: a meta-analysis. *Child and Adolescent Mental Health*, 20(4), 182–194.

Keng, S. L., Smoski, M. J., Robins, C. J. (2011, August). Effects of Mindfulness on Psychological Health: A Review of Empirical Studies. *Clin Psychol Rev,* 31(6): 1041–1056.

Khoury, B., Lecomte, T., Fortin, G., Masse, M., Therien, P., Bouchard, V., Chapleau, M–A., Paquin, K. & Hofmann, S. G. (2013, August). Mindfulness-Based therapy: A comprehensive meta-analysis. *Clinical Psychology Review,* 33(6): 763–771.

Killingsworth, M. A., & Gilbert, D. T. (2010, November). A wandering mind is an unhappy mind. *Science*, 330(6006): 932.

Mani, M., Kavanagh, D. J., Hides, L., Stoyanov. S. R. (2015, August). Review and Evaluation of Mindfulness-Based iPhone Apps. *Journal of Medical Internet Research,* 19; 3(3): e82.

Pilkington, K., Kirkwood, G., Rampes, H. & Richardson, J. (2005, December). Yoga for depression: The research evidence. *Journal of Affective Disorders,* 89(1–3): 13–24.

Strauss, C., Thomas, N. & Hayward, M. (2015, August). Can we respond mindfully to distressing voices? A systematic review of evidence for engagement, acceptability, effectiveness and mechanisms of change for Mindfulness-Based interventions for people distressed by hearing voices. *Frontiers in Psychology,* 14; 6: 1154.

Trowbridge, K. & Lawson, L. (2016). Mindfulness-Based interventions with social workers and the potential for enhanced patient-centered care: A systematic review of the literature. *Social Work Health Care,* 55(2): 101−24.

van der Kolk, B. A. (2006, July). Clinical implications of neuroscience research in PTSD. *Annals of N Y Academy of Sciences,* 1071: 277−293.

Yang, Y., Liu, Y., Zhang, H. & Liu, J. (2015, September). Effectiveness of Mindfulness-Based stress reduction and Mindfulness-Based cognitive therapies on people living with HIV: A systematic review and meta-analysis. *International Journal of Nursing Sciences,* 2: 3: 283−294.

Ying, Y. W. (2009). Contribution of self-compassion to competence and mental health in social work students. *Journal of Social Work Education*, *45*(2): 309−323.

[웹사이트]

Mindful Magazine
http://www.mindful.org/magazine/

The Center for Mindfulness, University of Massachusetts Medical Center
https://www.umassmed.edu/cfm/

The Center for Mindfulness and Compassion
www.chacmc.org

The Center for Compassion and Altruism Research and Education
http://ccare.stanford.edu/

The National Center for Complementary and Alternative Medicine
https://nccih.nih.gov/

The Dhamma Brothers

http://www.dhammabrothers.com/

Mindfulness and compassion for vets with PTSD: Healing a soldier's heart

http://www.seattlechannel.org/CommunityStories?videoid=x23995

The Institute for Mediation and Psychotherapy

http://www.meditationandpsychotherapy.org/

Elana's Website

http://www.mindfuliving.com/

마음챙김 수련과 관련 교육에 대한 온라인 자료 및 음원

https://www.gaia.com/

web-based yoga classes plus more

http://www.dharmaseed.org/

free offerings of western Buddhist teachers talks

http://www.dharma.org/

Insight Meditation (retreats, classes and podcasts)

https://soundcloud.com/buddhistgeeks

Soundcloud: Search for artists, bands, tracks, podcasts

https://www.betterlisten.com/

Listen, Learn, Live – Better!

http://mindfulness-solution.com/
Everyday Practices for Everyday Problems

https://metta.org/
Teachings from Insight Dialogue

http://www.soundstrue.com/store/
Recordings from mindfulness meditation teachers

http://www.audiodharma.org/
Talks from mindfulness teachers

[어플리케이션]

안내문이 있는 마음챙김 음원

온라인에서 무료로 사용가능

1. UCLA Mindful Awareness Research Center
Guided Mindfulness Practices
http://marc.ucla.edu/body.cfm?id=22

2. UC San Diego Center for Mindfulness Website
Guided Mindfulness Practices
http://health.ucsd.edu/specialties/mindfulness/programs/mbsr/Pages/audio.aspx

3. Sitting Together Website
Guided Mindfulness and Compassion Practices
http://sittingtogether.com/meditations.php

4. Center for Mindful Self-Compassion Website
Guided Compassion and Self-Compassion Practices
http://www.centerformsc.org/meditations

5. Tara Brach Website
Guided Practices
http://www.tarabrach.com/audioarchives-guided-meditations.html

유명한 마음챙김 앱

Headspace
Free app for iPhone and Android
https://www.headspace.com/

Insight Timer
Free app for iPhone and Android
https://insighttimer.com/

Stop, Breathe & Think
Free app for iPhone, Android, and Web
http://www.stopbreathethink.org/

Buddhify
For iOS and Android
http://buddhify.com/

Calm
Meditation Techniques for Sleep and Stress Reduction
https://www.calm.com/

Omvana

Free app for iPhone and Android

http://www.omvana.com/

The Mindfulness App

http://www.themindfulnessapp.com/

Smiling Mind

https://smilingmind.com.au/

Take a Break for Stress Relief

https://itunes.apple.com/us/app/take-break!-guided-meditations/id453857236?mt=8

The Mindfulness Training App

Free app for iPhone

https://itunes.apple.com/us/app/themindfulness-training-app/id687853790?mt=8

Eat Right Now® – A simple way to develop healthy eating habits

https://goeatrightnow.com/

Smoking Cessation

http://www.mindful.org/craving-to-quit/

Listing of Buddhist meditation centers worldwide

http://www.buddhanet.info/wbd/

찾아보기

인명

내용

저자 소개

엘라나 로젠바움(Elana Rosenbaum, MS, MSW)은 1984년부터 마음챙김을 심리치료 및 의료에 통합해 왔다. 그녀는 마음챙김에 근거한 스트레스 완화(MBSR)를 가르쳐 온 초창기 지도자 중 한 명으로, MBSR의 설립자인 존 카밧진(Jon Kabat-Zinn)과 현재 매사추세츠 대학교 의과대학의 이사인 사키 산토렐리(Saki Santorelli)와 협력하여 일하고 있다.

엘라나는 마음챙김 코치, 마음챙김 지도자, 연설자, 워크숍 지도자, 명상 수련 지도자 및 컨설턴트로 활동하면서 전 세계에서 수천 명에게 MBSR을 가르쳤다. 그녀는 마음챙김 프로그램 개발 및 훈련에 도움을 주었는데, 여기에는 다나 파버(Dana Farber) 암센터와 하버드 대학교 의과대학의 케임브리지 건강 연합 1차 진료 프로그램을 포함하여 정신건강 전문가, 사회 기관 및 의료 기관을 위한 마음챙김 프로그램이 있었다. 그녀는 CBS의 〈연대기(Chronicle)〉에 출연했고, 요가 저널, 건강, 코핑, 샴발라선과 PBS 오디오 시리즈 〈폭풍을 건너다(Walking through the Storm)〉 및 많은 잡지 기사에서 언급되었다.

그녀의 책 『Here for now: Living Well with Cancer Through Mindfulness[지금 여기: 마음챙김을 통해 행복하게 암과 잘 살기(아플 때조차도)]』(Satya House, 2007)에는 암이나 또 다른 심각한 질병을 앓고 있는 사람들을 위한 마음챙김 수련을 포함하고 있다. 엘라나는 매사추세츠주 우스터에서 개인심리치료를 하고 있다.

역자 소개

안희영(Ahn Heyoung)

미국 컬럼비아 대학교에서 MBSR 지도자 교육과정을 주제로 박사학위를 받았다(성인학습 및 리더십 전공). 현재 한국 MBSR 연구소 소장으로 재직 중이며 2005년부터 마음챙김에 근거한 스트레스 완화 프로그램(MBSR)을 한국에 보급하고 있다. 2010년 미국 MBSR 본부인 마음챙김 센터(CFM)에서 한국인 최초로 인증을 취득하였다. 현재 국내유일의 국제 MBSR 지도자 및 티쳐 트레이너로서 한국 MBSR 연구소(http://cafe.daum.net/mbsrkorea)를 중심으로 스트레스, 명상, 리더십과 관련된 교육을 하고 있다. 미국에서 내면검색(Search Inside Yourself) 프로그램 지도자 인증을 취득하고, Mindful Leadership 과정 및 기업명상 프로그램인 Potential Project 지도과정을 이수했다.

풀브라이트 교환교수(뉴욕대학교), 한국심신치유학회 회장, 대한통합의학교육협의회 부회장, 한국정신과학학회 부회장, 서울불교대학원대학교 석좌교수 및 부총장을 역임하였으며, 현재 한국심신치유학회 명예회장, 대한명상의학회 고문, 한국불교심리치료학회 운영위원으로 있다.

저서로는 『통합심신치유학-실제 편』(공저, 학지사, 2020), 『Resources for Teaching Mindfulness: An International Handbook(Springer, 2016)』 중 제7장 'Teaching MBSR in Korea with a Special Reference to Cultural Differences' 등이 있다.

역서로는 『의료 분야에서의 마음챙김 MBSR: 그대 자신을 치유하라』(공역, 학지사, 2020), 『온정신의 회복: 마음챙김을 통한 자신과 세계 치유하기』(공역, 학지사, 2017), 『우울과 불안, 스트레스 극복을 위한 8주 마음챙김(MBCT) 워크북』(불광출판사, 2017), 『의식의 변용: 의식의 발달에 관한 전통적 명상적 시각』(공역, 학지사, 2017), 『건강, 웰라이프, 그리고 영적 성장을 위한 켄 윌버의 ILP』(공역, 학지사, 2014), 『예술과 과학이 융합된 마음챙김: 심신건강 분야에서 마음챙김의 활용』(공역, 학지사, 2014), 『MBSR 워크북: 스트레스를 완화하는 혁명적인 프로그램』(공역, 학지사, 2014), 『8주, 나를 비우는 시간』(공역, 불광출판사, 2013), 『스트레스와 건강』(공역, 학지사, 2012), 『존 카밧진의 처음 만나는 마음챙김 명상』(불광출판사, 2012), 『자유로운 삶으로 이끄는 일상생활 명상』(공역, 학지사, 2011), 『마음챙김과 정신건강』(학지사, 2010), 『마음챙김에 근거한 심리치료』(공역, 학지사, 2009), 『현재, 이 순간을 알기』(공역, 보리수선원, 2009) 등이 있다.

논문으로는 「통합심신치유의 통전적 패러다임 모델: Ken Wilber의 AQAL 모델을 넘어서」(공저, 예술심리치료연구, 2013), 「현대 서구사회에서의 마음챙김 활용: 불교 전통과 현대 마음챙김 접근법을 중심으로」(불교학연구, 2012), 「마음챙김과 자기기억의 연관성: 위빠사나 명상과 구르지예프 사상을 중심으로」(선학, 2010), 「통합미술치료를 위한 MBSR 프로그램 활용방안」(예술심리치료연구, 2010), 「MBSR 프로그램의 불교 명상적 기반: 교과과정 및 치유원리를 중심으로」(불교학연구, 2010), 「Dialogical and Eastern Perspectives on the Self in Practice: Teaching MBSR in Philadelphia and Seoul」(IJDS, 2015), 「Mindfulness and Its Mechanism for Transformative Education」(한국교육논단, 2008) 등이 있다.

김정화(Kim JeongHwa)

서울불교대학원대학교 심신치유학과 박사를 수료하였으며, 한국 MBSR 연구소에서 민간 MBSR 2급 지도자 자격을 취득하였다. 일상생활 속 마음챙김에 관한 글을 쓰고 명상 및 상담 관련 책을 번역하여 사람들이 필요한 내용을 좀 더 쉽게 접할 수 있도록 노력하고 있다. 역서로는 『존 카밧진이 이야기하는 당신이 모르는 마음챙김 명상』(공역, 학지사, 2022), 『존 카밧진이 이야기하는 온전히 깨어 있기』(공역, 학지사, 2022), 『부부관계 향상을 위한 수용전념치료: 스키마치료와 수용전념치료의 통합』(공역, 학지사, 2020) 이 있다.

개인 블로그: https://blog.naver.com/kjayh01

마음챙김에 근거한 스트레스 완화의 핵심
의료전문가 및 참가자를 위한 MBSR 가이드
The Heart of Mindfulness-Based Stress Reduction:
A MBSR Guide for Clinicians and Clients

2023년 8월 25일 1판 1쇄 인쇄
2023년 8월 30일 1판 1쇄 발행

지은이 • Elana Rosenbaum
옮긴이 • 안희영 · 김정화
펴낸이 • 김진환
펴낸곳 • (주) 학지사
04031 서울특별시 마포구 양화로 15길 20 마인드월드빌딩
대 표 전 화 • 02)330-5114 팩스 • 02)324-2345
등 록 번 호 • 제313-2006-000265호

홈 페 이 지 • http://www.hakjisa.co.kr
인스타그램 • https://www.instagram.com/hakjisabook

ISBN 978-89-997-2952-2 93180

정가 17,000원

역자와의 협약으로 인지는 생략합니다.
파본은 구입처에서 교환해 드립니다.

한국 MBSR 연구소

- 깨어 있는 삶의 기술, 건강하고 행복한 삶으로의 초대 -

MBSR(Mindfulness-Based Stress Reduction) 프로그램은 동양의 마음챙김 명상과 서양의학을 접목하여 탄생한 의료명상 교육 프로그램으로, 1979년 미국 메사추세츠 주립대학교 메디컬센터에서 만성통증이나 만성질병에 노출된 환자들의 스트레스를 감소시키기 위해 존 카밧진 박사에 의해 창안되었습니다. MBSR은 마음챙김에 근거한 치료법 중에서 역사가 가장 길고 임상적인 연구 결과가 가장 많이 제시된 프로그램으로 알려져 있으며, Time, Newsweek지, ABC, NBC 등 해외 유수 언론을 통해 소개되면서 최고의 심신이완 및 스트레스 감소 프로그램으로 인정받고 있습니다.

MBSR 프로그램의 임상 효과는 만성통증, 불안, 우울, 범 불안장애 및 공황장애, 수면장애, 유방암 및 전립선암, 건선, 외상, 섭식장애, 중독, 면역강화 등의 다양한 정신적 증상의 완화 또는 치료뿐만 아니라 스트레스에 기인한 고혈압, 심혈관 질환 등 많은 만성질환의 증상 완화, 예방, 치료에 도움을 주는 것으로 보고되어 있습니다. MBSR은 이제 병원에서의 스트레스 치유뿐 아니라 학교나 기업에서 인성교육, 창의성, 리더십 교육에 적극 활용되고 있는 추세이며, 법조계, 스포츠 분야 등 다양한 분야로 꾸준히 확산되고 있는 추세입니다. 또한 MBCT, 구글의 내면검색 프로그램, 제너럴 밀즈의 마음챙김 리더십 프로그램 등 수많은 새로운 마음챙김 명상 프로그램에 깊은 영향을 준 프로그램이기도 합니다.

MBSR의 성공비결은 일반인들에게는 어려울 수 있는 명상을, 이해하기 쉬운 언어사용과 과학적인 효과 검증을 바탕으로 체계적이고 알기 쉽게 제공하는 것이라고 알려져 있습니다. 한국 MBSR 연구소의 초청으로 성사된 2012년 11월 MBSR창시자 카밧진 박사의 방한과 2017년 6월 MBCT 창시자 마크 윌리엄스 박사의 방한은 관심 있는 많은 분들에게 깊은 인상을 준 바 있습니다.

국내에서도 이 책에 소개된 MBSR 프로그램을 제대로 배울 수 있는 길이 열려 있습니다. 한국 MBSR 연구소에서는 국내 유일의 국제인증 지도자이자 MBSR 티쳐 트레이너인 안희영 박사를 중심으로 MBSR 일반과정 8주 과정과 3~7일 집중수련과정 그리고 MBCT-L 8주 일반과정 등 다양한 교육 프로그램으로 제공하고 있습니다. 또한 브라운대학교 마음챙김 센터 및 전세계 MBSR 주요 단체들의 협의체인 Global Mindfulness Community 파트너가 된 한국 MBSR 연구소는 2019년부터 역량 있는 국제 MBSR 지도자를 직접 배출하는 교육하는 기관으로 인정받고 있습니다. 앞으로도 온라인 오프라인을 통해 양질의 마음챙김 교육을 지속적으로 제공할 수 있도록 노력하겠습니다. 감사합니다.

TEL (02)525-1588

E-MAIL mbsr88@hanmail.net

홈페이지 http://mbsrkorea.com

다음카페 http://cafe.daum.net/mbsrkorea

네이버카페 http://cafe.naver.com/mbsrkorea